中华福文化

中国国学研究与交流中心 编著

海峡出版发行集团
福建教育出版社

图书在版编目（CIP）数据

中华福文化/中国国学研究与交流中心编著．—福州：福建教育出版社，2023.10
ISBN 978-7-5334-9749-1

Ⅰ.①中… Ⅱ.①中… Ⅲ.①中华文化－通俗读物 Ⅳ.①K203-49

中国国家版本馆 CIP 数据核字（2023）第 180140 号

Zhonghua Fuwenhua

中华福文化

中国国学研究与交流中心　编著

出版发行	福建教育出版社
	（福州市梦山路 27 号　邮编：350025　网址：www. fep. com. cn
	编辑部电话：0591-83779650
	发行部电话：0591-83721876　87115073　010-62024258）
出 版 人	江金辉
印　　刷	福建新华联合印务集团有限公司
	（福州市晋安区福兴大道 42 号　邮编：350014）
开　　本	710 毫米×1000 毫米　1/16
印　　张	10.75
字　　数	144 千字
插　　页	1
版　　次	2023 年 10 月第 1 版　2023 年 10 月第 1 次印刷
书　　号	ISBN 978-7-5334-9749-1
定　　价	30.00 元

如发现本书印装质量问题，请向本社出版科（电话：0591-83726019）调换。

编 委 会

顾问： 孙 晓　江金辉

主编： 许微微

作者： 高文川——《知福编》第一章第一节

许微微——《知福编》第一章第二节、第三节，第二章，第三章；《弘福编》

李 森——《惜福编》

翟金明——《修福编》

目 录

知 福 编

第一章　讲讲"福"字 ………………………………………… 3
　　第一节　"福"字的诞生 ………………………………… 3
　　第二节　"福"字的衍变 ………………………………… 6
　　第三节　"福"字的含义 ………………………………… 7

第二章　福文化风俗 …………………………………………… 11
　　第一节　众多的福神崇拜 ………………………………… 11
　　第二节　丰富的求福风俗 ………………………………… 26

第三章　福文化故事 …………………………………………… 58
　　第一节　典故与史料 ……………………………………… 58
　　第二节　传说与趣闻 ……………………………………… 64

惜 福 编

第一章　惜丰衣足食福 ………………………………………… 71
　　第一节　敬畏衣食 ………………………………………… 71
　　第二节　躬行节俭 ………………………………………… 74

第二章　惜平安健康福 ………………………………………… 79
　　第一节　安常处顺，心平气和 …………………………… 79

第二节　未雨绸缪，防患于未然 ·· 82

第三章　惜和谐友睦福 ·· 84
　　第一节　人际和谐 ·· 84
　　第二节　天人和谐 ·· 86
　　第三节　和而不同 ·· 88

第四章　惜祖国富强福 ·· 90
　　第一节　维护祖国统一与民族团结 ······································· 90
　　第二节　保护和传承祖国历史文化 ······································· 92
　　第三节　守望相助，众志成城 ··· 94

修 福 编

第一章　立德修福 ··· 99
　　第一节　德福关系 ·· 99
　　第二节　积德行善 ·· 105

第二章　齐家修福 ··· 109
　　第一节　家和万事兴 ·· 109
　　第二节　家风代代传 ·· 111

第三章　奋斗修福 ··· 114
　　第一节　奋斗 ·· 114
　　第二节　勤 ··· 116

第四章　包容修福 ········· 120
第一节　包容 ········· 120
第二节　谦让 ········· 123

第五章　助人修福 ········· 126
第一节　仁者爱人 ········· 126
第二节　利人助人 ········· 128

弘福编

第一章　怎样认识福文化 ········· 133
第一节　福文化是民俗文化 ········· 133
第二节　福文化是礼仪文化 ········· 138
第三节　福文化是精神文化 ········· 140
第四节　福文化是哲学文化 ········· 142

第二章　福文化与中国梦 ········· 148
第一节　新时代的福文化 ········· 148
第二节　福文化中的民本民生思想 ········· 150
第三节　福文化与中国梦 ········· 152

第三章　福文化与人类命运共同体 ········· 154
第一节　福文化辐射中华文化圈 ········· 154
第二节　人类命运共同体谋求全人类福祉 ········· 156

后记 ········· 160

知福编

第一章 讲讲"福"字

第一节 "福"字的诞生

　　文字的出现，打开了人与人沟通的一扇窗，标志着人类进入文明时代。早在四五千年前，生活在华夏大地上的祖先，就已经发明和使用了文字，这在全世界范围内都是非常早的，证明了我们祖先的勤劳与智慧。

　　文字的发明是循序渐进的，并逐渐累积；而且一个字被发明出来后，写法和含义也在不断变化，直到最后固定下来。四五千年前，我国最早的文字出现了，发展到商代晚期，成熟的文字体系出现了，这就是著名的甲骨文。甲骨文是商王室占卜时，为了记录占卜结果，刻在龟甲或兽骨上的文字。它们距今已经有三千多年的历史，是我国目前已知最早的成熟文字体系。

　　大约在甲骨文出现的同时，先人们已经掌握了铸造青铜器的成熟技术，因此他们也把文字刻在青铜器上。刻在青铜器上的文字，叫金文。目前，已发现的甲骨文和金文文字大约有 5000 个，已经能够识别字义的大约有 3000 个。可以说，今天我们能够见到的几万个汉字，都是在这些甲骨文、金文文字基础上慢慢衍变而来的。"福"字就是其中一个。

　　今天的"福"，左右结构，是个形声字。左边的"礻"是义符，右边的"畐"是声符。那么,这个"福"字是怎么来的呢?一种观点认为,甲骨文中的等字形,就是最早的"福"字,表示一种祭祀,目的是向天祈求保佑;另一种观点认为,"福"字起源于金文中的等字形,这种观点目前被大多数学者所认可,所以我们根据这种观点去介绍后面的知识。

,也就是今天的"畐"字。这是个象形字,最初它表示一种小口、大腹、刻有十字纹的容器,这种容器是用来储存酒的。小口,能有效防止酒精挥发;大腹,容量大,能装更多的酒;"十"字,作为一种纹饰,大概表示充满之义。在那个时期,酒是奢侈品。首先,酿酒需要很多粮食,而普通人经常食不果腹,哪有多余的粮食用来酿酒呢?其次,酿酒需要特定的技术,而当时生产力水平低下,酿酒技术只能垄断在少数贵族手中。因此,拥有大量的酒并用"畐"存储酒的人,往往是社会上层贵族。所以,金文中的"畐",不仅表示储酒容器,更是通过这种容器来表示有酒喝的富有生活。

商代的瓿(有学者认为,"畐"的字形类似于商周时期的瓿)

金文中的"畐",又与鬼神、祭祀密切相关。古人非常重视祭祀,尤其在商周时期,人们经常举行各种祭祀仪式,祈求鬼神的保佑。他们相信,人喝了酒能消愁解忧,鬼神喝了酒也能欢愉。所以向鬼神进献美酒,能表达虔诚，鬼神也会满足他们的种种愿望。

"畐"既然和祭祀、祈求相关，就和另一个表示祭祀的"礻"产生了关联。

"礻"，就是"示"，在甲骨文中写作 示 示 示 等字形，代表祭祀时的牌位。后来字形线条化，写作 T 示 等，有的又在两边加点饰，写作 示 示 等。在甲骨文中，以"示"作为义符的字还不算多。到了金文中，以"示"作义符的字多了起来，形成了一个系列，这类字往往与鬼神、祭祀有关，"福"字就是这样诞生的。通过添加义符，"福"强化了自身的含义，使我们今天能一目了然地看出，在当时人心目中，"福"是鬼神所降，与祭祀密切相关。

那么，"畐"与"礻"结合从而诞生"福"，最早发生在什么时候呢？是在西周早期金文中，当时写作 福 福 福 等。如当时的青铜器"宁簋盖"，上面就出现了 福 字；青铜器"沈子它簋盖"，上面有福字；青铜器"燮作周公簋"，上面有福字。从这时起，左右结构的"福"，就作为主流写法，饱含着人们吃饱饭、有酒喝、过上富裕生活的希望，饱含着人们期盼鬼神恩泽与庇佑的希望，历代延续，成为今天汉字"福"的直接源头。

西周早期青铜器"宁簋盖"上的金文。释读为："宁肇其作乙考尊簋，其用各百神，用妥（绥）多福，世孙子宝。"

第二节 "福"字的衍变

"福"字诞生以后，和原来的"畐"并行使用，表示同样的含义。同时，增加义符或声符，又产生不少异体字。如增加声符"北"，形成了异体字🔲，此字在西周中期青铜器"周乎卣"上可以见到；或者简化🔲，写成🔲，在西周中期青铜器"戎者鼎"上能见到这个字；或者加代表房子的义符"宀"和代表玉器的义符"玉"，写成🔲，见于西周中期青铜器"🔲鼎"，不过这里的"畐"已经讹写成"酉"；也有只加义符"宀"的，写成🔲，见于春秋早期青铜器"邾大宰钟"；还有写成左"畐"右"礻"结构的，如🔲，见于西周晚期青铜器"伯公父簠"。但是，这些异体字结构繁复，书写不便利，后来就慢慢被淘汰了。

到了春秋战国时期，诸侯国林立，各个诸侯国使用的"福"字，又出现了不同的风格。例如🔲，见于春秋楚国青铜器"王子午鼎"，字形里带着鬼魅色彩；又如🔲🔲，"畐"字写成尖底，见于春秋晚期齐国青铜器"尸叔镈"。此外，春秋战国时期的楚国，还有一个地域特色，就是经常将"畐"讹写成"酉"，它们的主要差别是"酉"字腹部颀长，中间是二横纹；"畐"字腹部粗圆，中间是十字纹。这不仅能在当时的青铜器上看到，也能在后来挖掘出来的楚帛书、楚简上看到。如🔲，见于春秋晚期楚国青铜器"曾子屬簠"；🔲，见于战国时期的《楚帛书》；🔲，见于战国时期的《郭店楚简》；等等。这些风格迥异的"福"字，跟当时还在流传的"福"的异体字一起混用，真是丰富多彩。

公元前221年，秦始皇灭六国，统一并简化六国文字，创制了小篆，第一次统一了中国的汉字书写形式。写于东汉时期的《说文解字》，是我国第一部字典，里面收集了10516个汉字，字头就基本是用秦小篆书写的。《说文解字》中小篆体的"福",保留左"礻"右"畐"形式,写作"福",可以看出,"畐"已经失去了原本的构意,越来越不像酒器了。小篆一直使用到西汉末年,又逐渐被隶书所取代。隶书的"福"字写作福福福等,前一个字见于《汉西岳华山庙碑》,后两个字见于《汉城阳灵台碑》。可以看出,隶书使汉字走向了符号化,左"示"已经向"礻"转化了。直到三国两晋时期,楷书"福"正式出现了,它的左"示"完全写成"礻"。由此,"福"字终于完成了字形变迁,形成了今天的固定写法。

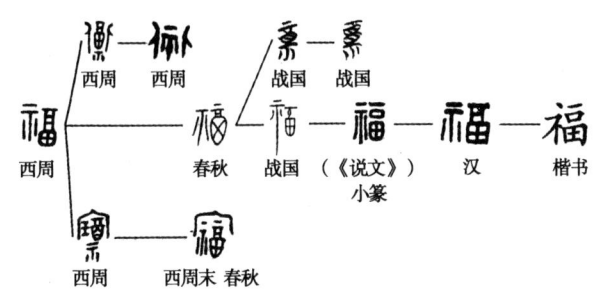

"福"字演化表(据李学勤主编《字源》绘制)

第三节 "福"字的含义

几千年来,"福"字的字形在变化,"福"字的含义也在不断变化,从单一走向丰富。

"福"字的第一个意思,要从它的起源字"畐"说起。前面讲过,"福"字最早出现在西周早期金文中,起源于"畐"字。二者在其后一段时间内并行使用,读音、含义相同。畐,本是储满酒的容器,引申出来的一个意思就是充满、充裕;同时,拥有大量酒的人都是上层贵族,因此"畐"的另一个意思是富裕的生活。所以,"福"的第一个意思是指充足、富裕的生活。

前面提到过，"福"字诞生后，伴随产生了许多异体字，例如加上代表房子的"宀"，写成福，再加上代表玉器的"玉"，写成𤣩。房子和玉器，是生活富有的象征，这更加证实了"福"字的第一个含义。我国第一部诗歌总集《诗经》中，有一首描述周文王祭祀的诗："清酒既载，骍牡既备。以享以祀，以介景福。"意思是用来祭祀的醇酒已经备好，红色的公牛已经备好，用它们祭祀，希望过上富足的生活。

"福"字的这个含义影响深远，后世一直使用。到了东汉时，有个大学者叫刘熙，他写了一本探求事物名字来源的书，叫作《释名》。在这部书里，他这样解释："福，富也。"直接认为福就是富。巧的是，西汉时的儒家经典《礼记》一书，在解释"富"时也说："富也者，福也。"更有趣的是，我们观察"福"和"富"的初始字形，即福和富，前者是储酒容器畐，加表示祭祀的"示"，后者是储酒容器畐，加表示房子的宀，两字同源，又各表其义，有时能互相解释。

"福"字的第二个意思，是祭祀祈祷，这也要从它的起源字"畐"说起。用畐储的酒，不仅用来喝，还用来祭祀，所以"畐"本身就表示祭祀，它与另一个表示祭祀的"示"结合诞生了"福"，"福"字所代表的祭祀祈祷的意思就更明确了。向谁祭祀祈祷呢？泛泛地讲，应该是天地、鬼神、祖先等。祭祀祈祷目的是什么呢？当然是希望天地、鬼神、祖先赐给人们吃饱饭、有酒喝的富裕生活。"福"的这个意思，后来衍生出许多词语，如福物，指祭祀用的牲口、物品；福食，祭祀用的食品；福酒，祭祀用的酒，等等。

"福"字的第三个意思，是祭神的酒和肉。这和第二个意思密切相关。春秋时期有个人叫左丘明，他写了一本书叫《国语》。《国语》上有这样一句话："今夕君梦齐姜，必速祠而归福。"三国时期一个叫韦昭的人解释说："福，胙肉也。"就是说福是祭祀用的肉。记述周代礼制的《周礼》有一句话"凡祭祀之致福者"，记述先秦礼制的《礼记》有一句话"为人祭曰致福"，汉代人郑玄解释其中的"致福"一词说："谓诸臣祭祀进其余肉归胙于王。"翻译过来就是：大臣们祭祀完毕后，把祭祀剩下的肉送给王吃。1975年，在我国湖北云梦县睡虎地秦代墓地中，发现了大量竹简，我们称之为"睡虎地秦墓竹简"，上面有这样一句话"勉饮食，多投福"，这里的"福"，泛指祭祀酒肉。这个意思一直沿用到后代，如《宋史》记载"既享，大宴，号曰饮福"，《辽史》记载"皇帝、皇后一拜，饮福，受胙，复位"，这里的"福"，就是指祭祀的酒。

以上几处记载，"福"字或指祭祀所用的肉，或指祭祀所用的酒，或泛指祭祀所用的酒和肉。"归福""致福"等，都是将祭祀的酒肉拿回去赠送他人，然后吃掉。之所以这样做，是因为古人重视祭祀，通过祭祀来祈求他们想要的东西，于是用来祭祀的酒和肉，也被认为可以带来祖先和神灵的帮佑，把这些东西送给他人，就是为了分享祭祀的成果。

"福"字的第四个意思，是保佑。战国时期的著作《左传》曾讲到"小信未孚，神弗福也"，意思是说：诚意小，没有达到诚信动人的程度，那么神是不会保佑的。这里的"福"，就是保佑的意思，是个动词。到了东汉时期，大学问家许慎写了我国历史上第一部字典——《说文解字》。在这本书里，许慎解释说"福，佑也。从示，畐声"，"佑"就是保佑。那么古人希望神保佑人们什么呢？推想也无非是充足、富裕的生活吧！《说文解字》正式把福的"保佑"含义指出来，这个意思也一直延续下来，世代被人使用。

"福"字的第五个意思，是完备、顺利。这是"福"字含义的新发展。汉代儒家经典《礼记》中说："福者，备也；备者，百顺之名也，无所不顺者谓之备。"宋代人张载在《正蒙》一书中，阐释《礼记》这句话的时候说："百顺之谓福。"以上两者都在讲福就是备，备又是顺。而对于备和顺的具体含义，《礼记》的解释是："上则顺于鬼神，外则顺于君长，内则以孝于亲，如此之谓备。"可以看出，这里的"备""顺"，主要指伦理秩序的和谐正当，正如战国时期典籍《荀子》说的那样："顺其类者谓之福，逆其类者谓之祸，夫是之谓天政。"当然，备和顺，也包含我们一般意义上的完备、顺利之义。于是后人也就把"福"字赋予"完备、顺利"的新含义。

"福"字的第六个意思，是泛指美好事物。这是"福"字含义的无限扩大。战国时期有一本书叫《韩非子》，里面说："全寿富贵之谓福。"我国第一部训诂学著作《尔雅》说："禄、祉、履、戬、祓、禧、禠、祜，福也。"汉代人贾谊写了一本著作叫《新书》，里面写到："安利之谓福。"总结以上就是说，生活中的一切美好都是福，禄是福、寿是福、富是福、贵是福、喜是福、财是福、吉是福，等等。《诗经》里讲"千禄百福""凡言福者，大庆之辞"，这里的"福"，用的就是这个意思。

"福"字的第七个意思，是好的运气、好的回报、正向能量，也就是我们常说的福气、福分、福报等。这个意思强调福的天然性、运气成分。人们常评论一个人有福没福，或者人们无奈的一句感慨"有福不用忙，无福跑断肠"，或者俗语常讲的"福大命大造化大""一福压百祸"等，这里的"福"，就可以理解为福气、福分，细细品味，里面还包含着一种正向能量的感觉。福，是一个民族、一个家庭、一个生命个体生生不息的活力，是一个人好运气、正向能量的综合体现。

"福"字的第八个意思，是幸福。这是对美好生活的一种形容，是我们今天最常用的意思。幸福是什么？《现代汉语词典》解释说，幸福是"使人心情舒畅的境遇和生活"，所以，幸福不仅强调物质的充盈，也强调精神上的愉悦满足。

从以上"福"字的种种含义中可以看出，"福"字所包含的内容是如此丰富，所表达的愿望是如此美好，"福"的阐释包含了人们对人生价值的多元追求和向往。正因为"福"是人生价值的高度概括，它几乎成为汉字中应用最广泛、最受喜爱的一个字，成为华夏文化的一个标识。

第二章　福文化风俗

第一节　众多的福神崇拜

"福"字诞生以后，围绕着这个字，围绕着中国人的求福心理与活动，衍生出很多文化现象，我们统称为福文化。例如，节庆时在红色斗方纸上写下"福"字，是我们最常见的福文化现象。当然，福文化绝不仅这一种表现形式。下面，我们就从"福神崇拜"开始，一一介绍我国的福文化风俗与故事。

在我国历史上，善良的、热爱生活的人们，总是喜欢"造神"。什么叫"造神"呢？即无论在官方还是在民间，无论是博学鸿儒还是贩夫走卒，人们都可根据现实的需要，找出自己喜欢的人或物，然后将他（它）封为形形色色的"神"，并从对这个神的信仰中获得精神力量。福文化在不断发展的过程中，也在不断"造神"，于是就有了丰富多彩的福神崇拜。

中国的福神崇拜较为复杂，既有对天文现象的崇拜，也吸收了宗教传说，还传承了中国人将忠良贤达之人封为神的传统。而且各种说法、称呼交织，难以厘清，例如福神就是福星，福星也是福神。但不管怎么样，这些原本属于民间信仰的福神崇拜、祭祀，慢慢民俗化，在表达人民美好心愿的同时，也展现了中华民族纯真质朴与向上向善的优良传统。

一、木星福星

木星是太阳系中体积最大的行星，在古代，人们最早叫它岁星。古人认识到木星约十二年绕太阳运行一圈，所以将周天分为十二分，称十二次。木星每年行经一次，即以其所在星次来纪年，故称岁星。到了汉代，《史记》作者司马迁观测发现岁星呈青色，在五行学说中属木，又把它命名为木星。

木星为什么能成为福星呢？有以下几个原因：

第一，木星是主管农业的星。古时农业是最重要的产业，是国家的经济命脉，而木星恰恰被认为是主管农业的星，因此地位崇高，这在两千多年前的《史记》《汉书》中就有明确记载。所以从秦汉直至晚清两千多年里，每个朝代的政府都要专门制定祭祀制度供奉岁星，祈祷当年风调雨顺、庄稼丰收。

第二，木星是象征品德的星。古人认为，哪个地方出现了有品德的贤人，木星就在那个地方的上空显现。因此，木星又叫德星。德星这个称呼，是从汉代开始出现的。《史记·天官书》说："天精而见景星。景星者，德星也。其状无常，常出于有道之国。"又说，汉武帝率领文武百官去泰山，"建汉家封禅，天其报德星"。南北朝时期，文学家们在诗歌里经常歌颂德星。

木星带来收成、带来贤德，自然就带来福气，所以就有了福星的称呼。称木星为福星，最早是从唐代开始的。唐代有个叫司马贞的学者，解释《史记·孝武本纪》"建汉家封禅，天其报德星"中的"德星"时说："德星，岁星也。"又说："岁星所在有福，故曰德星也。"这里，司马贞把因果搞反了，不是木星所在有福，所以叫德星，而是因为木星是德星，所以所在有福，但从司马贞的解释中可以看出，唐代人已经认为"岁星所在有福"。唐代诗歌中，有很多歌颂福星的诗句，如李商隐《无愁果有愁曲北齐歌》"东有青龙西白虎，中含福星包世度"，又如崔志远《荆南》"虎吼龙骧出峡来，福星才照阵云开"，等等。

古人认为，福星所在有福，其运行至某个区域上空时，地面上与之相对应的州郡就会风调雨顺、国泰民安。所以古时候占星的人会说"岁星所照，能降福于民"，而民间常说的"福星高照"，就是这个福星。在宋代，人们会把为民谋福的好官比喻为福星，例如宋朝宰相司马光向皇帝推荐鲜于子骏，说其是"一路福星"。

木星应该是最早的福星。至于将福星人格化成了神仙模样，就不知道是从什么时候开始的了。被赋予了人的形象后，福星成为我国源远流长、家喻户晓的民间神。不仅如此，人们又造出禄星、寿星，于是就有了福、禄、寿三星组合。三星形象是不断演变交织的，现在常见的形象是：福星手持"福"字或"福星高照"，或手持如意；禄星捧着金元宝或文书，怀抱小童；寿星托着寿桃，拄着拐杖。三星形象在明代就已经盛行了，有江南民间小调唱道："福星高坐沉香辇，禄星送子下祥云，寿星骑鹿送蟠桃，三星高照喜临门。"

我国古代的民间信仰起源往往很复杂，在流传过程中，各种说法又相互交织。关于福寿禄三星，民间还有一种说法，认为猎户星座中由左向右的参宿一、参宿二和参宿三，分别代表福星、禄星、寿星。这三颗亮星高照，象征吉祥幸福、健康长寿和富裕。这里我们就不去深究了。

〔清〕黎简《三星高照》

二、天官赐福

传说从前有个叫陈祷的人，长得英俊、文雅，有一天，他与龙王的三公主偶遇，两人一见钟情，于是结为夫妇，婚后生活幸福，分别在正月十五日、七月十五日和十月十五日生下了天官、地官、水官三兄弟。三兄弟神通广大，法力无边，于是，天尊封天官为"上元一品赐福天官"，又称"紫微大帝"，掌管赐福；两个弟弟分别封为"中元二品赦罪地官""清虚大帝"和"下元三品解厄水官""洞阴大帝"。

三官属于道教神仙，道教自东汉张道陵创立后，就大力提倡"三官"信仰。而关于三官的来源，后世众说纷纭，上面这个故事只是其中一种说法，见载于大约成书于宋元时期的《三教源流搜神大全》，此书专讲古代民间宗教人物列传和神仙事迹。其他说法大体还包括：三官起源于金、水、土三气；周幽王的三个谏臣，唐宏、葛雍、周武，死后成神为三官；明末清初徐道编撰《历代神仙通鉴》则谓三官为元始天尊于正月、七月、十月的十五日所吐之婴儿，长成即尧、舜、禹，"皆天地莫大之功，为万世君师之法"，后封为三官大帝。

三官之中，民间视天官为福神。因为天官被封为紫微大帝，所以又叫"紫微福神"。据说每逢正月十五日，天官即下人间，校定每个人的罪福，这就是"天官赐福"的来源。这个说法可能在道教创立时期就有了，最早见于文字记载则是在南朝梁《梁元帝旨要》中，书中讲到"上元为天官赐福之辰"，之后历代"天官赐福"之说屡见。

到了宋代，上元正月十五、中元七月十五、下元十月十五是为"三元节"，成为道教大庆的日子。全国各地兴建三官庙、三官堂及三官殿，供奉上元、中元、下元"三元大帝"。每逢三官生日，虔诚的信众除了要吃素斋居三日，一般还要去三官庙敬香上供，祈求天官赐福。旧时四川等地，人们在正月十五天官生日这天，还会举行"点三官灯"祈福活动。而上海地区每逢天官生日时，供奉三官的崇福庵则香火旺盛，自朝至暮，舟楫络绎不绝，庙炉烟气见于数里之外。

民间一般在家里贴天官赐福年画，商家则把天官赐福贴于中堂，有的也供奉天官赐福牌位。至于天官赐福的形象，在宋代就已经成形。据北宋《宣和画谱》记载，画家陆晃有《天曹赐福真君像》，这或许就是后世天官赐福图的滥觞。清代天官赐福年画、民俗画极其普遍，常见形象作一大官模样，身穿大红官服，手持如意，五绺长须，面容慈祥，一副雍容华贵气派。有的图中，天官慈祥地携带着五个童

〔清〕佚名《天官赐福图》

子，五童子手中各捧仙桃、石榴、佛手、春梅和吉庆鲤鱼灯。而我们今天常见的天官赐福图，一般是天官手持展开的"天官赐福"诰封，背有花团锦簇的"福"字，头顶为祥云和五只蝙蝠环绕，脚下为寿桃，象征多福多寿，把美好幸福生活赐予人间。

三、福神杨成和福神阳城

前面提到的《三教源流搜神大全》，里面还记载了福神杨成的故事：

杨成是汉代道州刺史，是个爱民的好官。当时的皇帝汉武帝，喜欢道州长得矮小的人，每年都会选取数百名道州矮人，作为宫中矮奴戏玩。汉武帝的这个喜好，导致很多家庭骨肉离散。于是杨成就上书武帝说，道州只有矮民没有矮奴。武帝听后很受触动，明白了道州矮人是自己的子民，不是自己的奴隶，自己那样做是不对的，就再也没有选过矮奴。道州老百姓很感激杨成，为他立祠堂画神像供奉起来，作为道州地方降福解厄的福神。后来天下人都画像供奉，尊为"福禄神"。

那么为什么还有"福神阳城"的说法呢？这是另一个故事，源自

《新唐书·阳城传》：

阳城，字亢宗，今天的山西夏县人。他从小喜欢学习，但是家里穷，没有钱买书，于是就请求在官府的书院里无偿干活，借机会读书。长大后，阳城很有学问，考中了进士，但是他不愿做官，就去中条山隐居起来。宰相李泌觉得阳城有才干、品德好，多次向皇帝推荐他，最终皇帝命阳城出来做官。

阳城在道州做刺史时，关心百姓，做事勤勉，而且生活非常俭朴，除了留下吃用的钱外，他把剩下的月俸全捐归官府，还常常把自己食用的鱼、肉摆放在道旁，让老百姓一起享用。道州出侏儒，朝廷命令地方官每年都要进贡几个矮人，到宫里做官奴。阳城做刺史后，觉得这些被上供的矮人要和父母分离，很可怜，于是上书给皇帝，要求废除这项不人道的制度。他还说："我们这里只有个子矮的百姓，但没有个子矮的奴才。"皇帝看后十分惭愧，下令停止道州进贡矮人。

阳城为当地百姓免除了灾祸，道州百姓感激他的恩德，纷纷用"阳"字给子孙起名字，后来又将他作为道州的福神供奉了起来。此后，各地百姓纷纷流传这个故事，阳城成了各地共同的福神。

唐代大诗人白居易，还根据阳城的事迹，写了一篇《道州民》诗，十分感人：

道州民，多侏儒，长者不过三尺余。市作矮奴年进送，号为道州任土贡。任土贡，宁若斯，不闻使人生别离，老翁哭孙母哭儿。一自阳城来守郡，不进矮奴频诏问。城云臣按六典书，任土贡有不贡无。道州水土所生者，只有矮民无矮奴。吾君感悟玺书下，岁贡矮奴宜悉罢。道州民，老者幼者何欣欣。父兄子弟始相保，从此得作良人身。道州民，民到于今受其赐，欲说使君先下泪。仍恐儿孙忘使君，生男多以阳为字。

那么，到底是"杨成"还是"阳城"呢？《三教源流搜神大全》所述大多杂取小说、民间传说，不能当作正史来读，汉代也无道州这个地名。而《新唐书》是官方的史书，记载可靠，唐代确实有道州一地，又有白居易的诗为证，所以唐代道州刺史阳城的事迹是可信的。正是因为阳城的事迹感人，人们才一传十十传百，称颂他、纪念他，逐渐将其推上福神宝座。只不过在口耳相传中，人物与时间被误传，才有了后来《三教源流搜神大全》中的故事版本。

值得注意的是，到了明清时期，民间已经分不清前面所讲的木星福星、天官赐福、福神阳城了，勾画的福神形象都是相似的。一直到今天，每逢春节，家家户户都会在家里贴上福星高照、三星高照、天官赐福等字样，还有五花八门的福星、福神年画，一般是画一个官员模样的老人，慈眉善目，长须冉冉，身着官袍，手里拿着大如意，一派雍容华贵。人们借助这种形象，来表达自己的求福愿望。

四、镇宅福神魏征

中国人重视家宅平安，在民间信仰中，有很多个镇宅的神，其中就有镇宅福神魏征。魏征本是唐代的名臣，为人刚正不阿，怎么变成了镇宅福神了呢？原来，这出自明代吴承恩所著《西游记》里的一个故事：

有一次，泾河老龙王违背玉帝旨意，擅自更改了下雨的时间和下雨量，犯了死罪。玉帝就派魏征去问斩，计划午时三刻执行死刑。泾河老龙王吓坏了，在前一天恳求唐太宗为他说情，唐太宗满口答应。第二天，唐太宗便找魏征下围棋，想借此拖住魏征。没想到，棋下到一半，魏征居然睡着了。昏睡中，他魂灵升天，正好在午时三刻挥剑将泾河老龙王斩了。泾河老龙王被斩后，鬼魂天天缠着唐太宗，抱怨他失信，闹得唐太宗六神不安。于是秦琼、尉迟恭两员大将，夜里就守在皇宫门口保驾。谁知，泾河老龙王惧怕秦琼和尉迟恭，不敢走前门，便从皇宫的后门溜进去，又搅得唐太宗不得安宁。于是大臣徐茂公进奏："后门不安，该由魏征护卫。"唐太宗准奏，命令魏征把守后门。魏征领旨后，穿戴整齐，提着那诛龙的宝剑，每天晚上守在皇宫后门，果然老龙王的鬼魂再也不敢来了。

根据《西游记》中的这个故事，民间就把魏征画像贴在后门作门神，画像往往写上"镇宅福神"的字样，所以就有了"镇宅福神魏征"的说法。清代北京年画《镇宅福神》，画面中端坐于神椅上的魏征，赤面五绺长髯，披袍挂甲，右手持剑，为贴单扇后门的门神。还有一种旧时民间年画《镇宅福神》，画面正中是镇宅福神，右边是威猛的狮子，取意狮子辟邪，左边有"福"字，还有鹿驮着元宝，寓意福、鹿（禄）、财齐来。而在浙江

清代北京年画《镇宅福神》

民间一些地方，画师觉得魏征一个人守后门太孤单了，就请来徐茂公作陪，谁让他给唐太宗提建议让魏征去镇守后门呢！

五、治世福神真武大帝

真武大帝，本来被称为玄武，是道教神话体系中的小神。到了宋代，人们为玄武完成了三个转变：一是改称真武，二是成为道教大神，三是成为当时最显耀的福神。宋真宗时，为避圣祖赵玄朗（宋真宗杜撰出来的赵氏祖先）讳，玄武改称真武。宋真宗又下诏，封真武为"真武灵应真君"，真武从方位小神升格为"真君"大神。道士们为了逢迎皇帝，故意抬高真武大帝身价，为其编造了种种神圣的履历，宋代道教著作里讲：真武奉玉帝之命，亲至人间协助周武王伐纣有功，世号福神。此后，真武大帝被屡屡加封，逐渐变成了无所不能、有求必应的福神。在宋代人的著作中，还专门称他为"治世福神"。

据载，当时宋朝都城汴京的市民，尤其是手工业者和商人，十个人

里有七八个信奉真武大帝，把他的画像挂在床头，焚香祷告，祈求财富、福运。南宋学者洪迈还记载了当时真武大帝画像形象：真武大帝坐在石头上，手里握着宝剑，身旁一个雄猛小神恭敬站立着，手里拿着斧子。南宋另一位学者赵彦卫则讲到，当时道士画的真武大帝像，身穿黑衣，披着头发，手持宝剑，脚踏龟蛇，身后侍从举着黑旗。后世真武大帝造像大致都是这个样子。

到了元世祖忽必烈时期，大都（今北京市）高梁河出现龟、蛇，有官员认为这是北方真武神显灵，意味着元朝必能灭宋，统一全国。忽必烈欣然接受这一解释，下令建大昭应宫，以祀真武。元成宗时，加封真武为"元圣仁威玄天上帝"，成为北方最高神。

到了明代，真武大帝在全国影响极大，民间信仰达到鼎盛，这和明成祖朱棣有关。朱棣本封燕王，驻守北京，后发动政变，从侄子建文帝手中夺取皇位，并说这是镇守北天之神真武大帝显像助威，给自己夺取皇位的做法涂上了一层"奉天行道"的神圣色彩。定都北京后，明成祖又加封真武大帝为"北极镇天真武玄天上帝"，下令在传说中真武大帝修炼之地武当山，兴建许多供奉真武大帝的庙宇。明成祖还在全国各地包括北京营建宏伟壮丽的真武庙，命画师画真武大帝的神像，于皇宫中加以供奉。当时真武大帝的形象，一般塑造得很威武，身材高大，披散着头发，身着金甲，脚下踏着五色灵龟，按剑而立，目光如电，身边侍立着龟、蛇二将及记录着三界功过善恶的金童玉女等。

入清以后，真武在官方祀典中的地位逐渐衰减，但在民间仍有着极大的影响力。直到今天，真武信仰依然存在。在三月初三真武大帝诞辰日，人们会携带各种祭品，祭拜真武大帝。在东南亚华人聚居地区，祭拜真武大帝的也有很多。

六、增福财神

据说，在北魏孝文帝时期，有个山东淄博人叫李诡祖，当了曲梁县县令。李诡祖是个有品行的人，做官不贪财，不懒惰，认真治理当地，还把朝廷发给他的俸禄分发给穷人。这样一位爱民如子的好官，百姓都特别感激。李诡祖去世后，当地百姓为其修建祠庙，用来表达对他的怀念。

关于李诡祖，还有一种说法，来源于《三教源流搜神大全》。书中说李诡祖不是县令，而是北魏孝文帝时期的一位台阁重臣，故称李相公。他白天要裁断活人的冤假错案，晚上要裁断阴间鬼魂的是非对错，同时还掌管朝廷中三品以上官员的穿衣、吃饭、俸禄等事。这些说法明显是道教的附会传说，但从中可以看出，李诡祖管着的事务，关系到每个人的福祉。

不管是县令，还是台阁重臣，民间对李诡祖的敬爱是一如既往的。到了五代时期，后唐明宗皇帝追思李诡祖，下圣旨追封他为"神君增福相公"。到了元代，朝廷又封他为"福善平施真君"，人称"福善平施公"。到了明代，明太祖朱元璋下旨，依旧使用"神君增福相公"的封号。在民间，人们就称李诡祖为增福财神、增福相公、增福真君等，成为诸多福神中的一员。

讲到这里，需要强调提醒的是，李诡祖既是福神，也是财神。而在中国民间信仰中，财神有好几位，而且还区分文财神、武财神。比较著名的文财神如比干、范蠡，还有这位李诡祖；武财神如关羽、赵公明等。旧时年画中，老百姓不会区分得那么详细，几位财神画像往往难以分辨，人们只是通过贴财神、拜财神，希冀带来更多的福祉与财富。

河北武强年画《增福财神》

七、赐福镇宅圣君钟馗

中国人喜欢贴门神，门神也有很多，著名的如神荼、郁垒、秦叔宝、尉迟恭等，还有我们前面讲过的镇宅福神魏征。到了唐代晚期，门神队伍里面又加入了新成员——钟馗，他后来成为最有名的门神。

钟馗成为门神，要从唐代成书的《唐逸史》中记载的一个故事说起：

一次，唐玄宗感染了疟疾，天天拉肚子，一个月不能痊愈。请御医看病，请巫师作法，都无济于事。一天晚上，唐玄宗梦见有个大鬼，一下子捉住了疟疾鬼，并把疟疾鬼给吃掉了。他问大鬼是什么人，大鬼回答说："我叫钟馗，之前参加过武举考试，因为相貌丑陋，没被录取，一气之下，撞死阶前。我今天是来帮陛下除妖孽的。"唐玄宗醒来后，疾病就好了。他马上叫来著名画家吴道子，让他照着自己梦到的样子，画了一幅"钟馗捉鬼图"，挂在宫中辟邪。吴道子按照皇帝描述，所画钟馗虬髯怒张，样子恐怖，小鬼见了都要退避逃走。此后，宫廷画师每年年底都要画钟馗像，进贡给皇帝，再由皇帝分赐给大臣，大臣把画像拿回家，挂在门前辟邪。

〔清〕溥儒《钟馗迎福图》

从此，画钟馗辟邪的风气，慢慢由皇宫传播到了民间，钟馗就演变成了门神。因为钟馗能镇宅护家、驱鬼消灾，于是道教信徒就把他尊为"赐福镇宅圣君"。

钟馗成为门神，源于上面这个故事，可是顺着这个故事再向前溯源追本，"钟馗"可能源于古代用于驱鬼的棒槌（古代棒槌有"终葵"之名），后逐渐人格化，最终被附会为捉鬼之神。对于这个观点，明代李时珍在《本草纲目》中有所阐述，可供参考："《尔雅》云：'钟馗，菌名也。'《考工记》注云：'终葵，椎名也。'菌似椎形，椎似菌形，故得同称。俗画神执一椎击鬼，故亦名钟馗。好事者因作《钟馗传》，言是未第进士，能啖鬼。遂成故事，不知其讹矣。"

钟馗的形象，常见的是虎背熊腰、豹头铁面，脸上大把虬髯，一双圆眼快要瞪出来，身着红袍，足蹬黑靴，手持利剑，脚踩小鬼。民间多将钟馗像贴于家中，尤其是在春节、端午两个节日，人们张贴钟馗像以求斩妖除邪、守户镇宅。

八、福德正神

福德正神，就是我们俗称的"土地公""土地爷"。远古时期，我们的祖先崇拜土地，因为土地是人类赖以生存的根基。于是，人们认为土地神和天神一样，是最大的两个神灵。最开始土地神是没有专门名字的，到了秦汉时期，皇帝祭祀的土地神叫后土，民间祭祀的土地神叫社神。

土地神是自然神，可到了汉代，人们偶尔将现实中的人，或者想象中的鬼神，当作本地的土地神。例如东汉末年有个官员叫作蒋子文，有一次，他率领士兵追逐强盗，到了今天的南京钟山脚下，反被强盗杀死。后来，他被当地人封为钟山的土地神。

到了魏晋南北朝时期，土地神信仰开始普及到全国各地，人们相信该神不仅有镇护土地之灵威，还有授人福运之神德。到了唐宋时期，土地神信仰已经十分盛行，乡村、住宅、园林、寺庙、山岳，都有自己的土地神。那时候，城市有城隍庙祭祀城池守护神——城隍，而乡村里就有土地庙祭祀土地神。再到明代，土地神信仰达到鼎盛，土地庙遍布大江南北。

土地庙，也叫福德宫、福德祠。过去，庙门口贴着对联，通常会写有"福而有德千家祀，正则为神万户春"，所以土地神被叫做"福德正神"。

福德正神是最"接地气"的福神。说他接地气，一是凡是有人烟的村落都能祀奉他，规格要求不高，祀奉之庙可大可小，有的乡村仅仅用几片砖瓦搭成土地庙；有的仅仅设置一块刻有"福神"或者"后土"字样的石碑即可；更甚者，可用一只破缸扣在地上就算作土地庙。二是，土地神守护着一片地方的人寿年丰、水火太平，跟百姓生活极为接近，祭祀活动也极为频繁。过去，平常人家在祭祖、扫墓、破土动工前，一般要祭祀福德正神，祈求保佑。尤其在春社（立春后第五个戊日）、秋社（立秋后第五个戊日）、土地神生日（农历二月初二），都要举行专门仪式祭祀。人们准备贡品迎福德正神，献祭后，聚在一起欢宴、逛集市，乡里、村里还要请戏班来演戏娱神，为福德正神祝寿。

早在明末清初，福德正神的信仰就从福建传到台湾，逐渐成了福建、台湾民间最为普遍的祭祀神。在这两地，田头地角，屋前宅后，街头巷尾，甚至猪栏牛圈，都有土地公守护。所以台湾、福建有一个共同谚语，叫作"田头田尾土地公"。

至于福德正神的形象，一般是一位可亲又可爱的老人，白头发白胡须，穿着官服，和蔼慈祥。

九、崇福夫人——妈祖

南宋乾道二年（1166），宋孝宗褒封一位民间称颂、祭祀的女子为"灵惠昭应崇福夫人"。这位崇福夫人，即我们熟知的妈祖，也称天妃、天后等，是宋元以来沿海船工、旅客、商人和渔民共同信奉的神祇，影响力深远、广泛。

妈祖原名叫林默，北宋建隆元年（960）三月二十三日生于莆田湄洲屿。至于其如何成为海神，则众说纷纭。

一种据《三教源流搜神大全》记载：林默的母亲一次梦见南海观音

与优钵花后，便怀孕了，经历十四个月怀胎才生下她。她出生那天家里有异香，飘出好远，很久不散去。林默一岁时，见神就拜，五岁时就能诵《观音经》。有一天，正在家中织布的林默突然手足无措，闭上眼睛像死去一样。父母以为她得了风疾，赶紧摇醒她。林默醒来懊恼地说："怎么不等我挽救长兄的生命呢？"父母听了觉得奇怪，只认为她是胡言乱语。三天后，林默的兄弟们出海归来，痛哭流涕地讲到，三天前海上起了飓风，波浪滔天，兄弟四人不幸落入水中，慌乱中忽然看见一个女子极力搭救，她牵着桅杆上的缆绳，在波涛上行走就跟走在地上一样。父母听了，这才恍然大悟，原来林默是利用传说中的元神出窍，去营救遇到海难的兄弟了。之所以其他三位兄弟都平安回来，唯独长兄遇难，就是因为当时父母强行将林默唤醒，她没有来得及救长兄。

到了十五岁及笄的年龄，林默发誓这辈子不结婚、不嫁人。没过多久，她在正襟危坐中去世了。此后有人看见她侍奉在西王母身边，并且主管孕嗣，当地妇女对其供奉祈祷，就能怀孕生子。

后来在宋徽宗时，官员路允迪率领船队出使高丽，途中遇到飓风，就在船只快要沉没之时，林默出现了，经过她的救助，最终众人得以平安返回。因此，宋徽宗特敕封林默为"灵惠夫人"，下令在湄洲立庙。宋孝宗时褒封其为"灵惠昭应崇福夫人"。到明成祖时期，郑和下西洋，只要出祷天妃庙，每次都能平安顺利完成任务，朝廷认为这是因为天妃女神的佑助，遂敕封其为"护国庇民妙灵昭应弘仁普济天妃"，对她的祭祀规模越来越大。

《三教源流搜神大全》中的天妃娘娘像

上面这些内容出自《三教源流搜神大全》的记载。而元代王元恭《至正四明续志》则记载，林默生于宋太祖建隆元年（960），卒于宋太宗雍熙四年（987），"室居未三十而卒"，为都巡检林愿之女。少时就很聪颖，曾遇到一个奇异的道人，授予她玄微真法。长大成人后，在古井中得到一本天书，从此颇具神异，通晓变化，能治病救人，很受当地百姓信赖。清代乾隆时期的《台湾县志》则记载，妈祖本姓林，世世代代居住在福建莆田湄屿。母亲姓王，父亲叫林愿，官居巡检。在生她之前，父母已经生了五女一男。有一天夜里，母亲梦见有个大士给了她一个药丸，她吃下后，醒来就怀了身孕。建隆元年三月二十三日，妈祖出生了，父母给她起名叫九娘，因为出生了一个月还不能哭出声音，又叫默娘。默娘八岁时，读书就能理解书中的意思，且天生喜欢烧香拜佛；十三岁时，一个叫元通的道士传授她法术；十六岁时，默娘就有了在海上行走救人的本事了。雍熙四年，默娘去世。后来她的形象常出现在附近岛屿，乡亲们祭祀她，都能有求必应。

　　以上种种说法皆以传说附会，并不完全可信。今天人们通过研究认为，妈祖林默应该是从小生长在海滨，熟习水性，又聪明好学，洞晓天文气象。湄洲岛与大陆之间的海峡中有很多礁石，在这片海域里往来的渔舟、商船，常常得到林默的救助，化解海难，因而善良的人们便传说她能"乘席渡海"。又因为她会预测天气变化，事前告知船户可否出航，所以又传说她能"预知休咎事"，称她为"神女""龙女"。所以，妈祖逝世时，乡亲们感其生前治病救人的恩惠，在湄洲岛上祭祀她，随着时间的推移，便慢慢成为沿海地区普遍信仰的海神。

　　妈祖信仰的壮大，是官方与民间互动推崇与发展的结果。在官方，经历了宋、元、明、清四个朝代，历代政府对妈祖进行了36次褒封，从"夫人""妃""天妃"直至"天后""圣母"，几十个称号，封号越来越长，级别越来越高。而民间，在东南沿海，尤其在闽台一带，人们普遍信仰妈祖。目前，全世界有40多个国家和地区，从湄洲祖庙分灵而建妈祖庙，有3亿多人信仰妈祖。可以说，从莆田的海岛渔村，到福建其他地区、到两岸、到全国、到东南亚各国、到全世界，人们都在传递妈祖大爱，祈求航海平安，寻求精神庇护。每当农历三月二十三妈祖诞辰日，祈福现场都是人山人海。2006年，"妈祖祭典"入选国家级非物质文化遗产名录；2009年，"妈祖信俗"被联合国教科文组织列入人类非物质文化遗产代表作名录。

本节我们介绍了九位福神，这些福神是名气比较大、影响比较广泛的。此外，还有福神蒋子文、福神送子张仙、五福大帝、五福太一等福神崇拜，因为影响范围小、名气不那么大，这里就不一一介绍了。

第二节 丰富的求福风俗

"十里不同风，百里不同俗"，中国历史悠久，幅员辽阔，人口众多，所以形成了许多风俗。尤其是在求福祈福方面，除了写"福"字、拜福神，我们的祖先还留下了各种求福风俗，可谓丰富多彩、源远流长。

在介绍这些求福风俗之前，我们先来给什么是"求福风俗"做个界定。广义上讲，一切有延续性、规律性的对天地、日月星辰、山川、祖先、神灵、人杰、节令的崇拜和祭祀，一切有延续性、规律性的占卜问吉、风水摆设、祈祥祛灾的法事和行为，以及一切岁时节令庆典的仪式和活动，本质上都是求福风俗，都是人们借助具体实物、活动来表达心中美好的愿望。

狭义上讲，我们只把最直观体现"福"字、"福"图案的有延续性和规律性的活动视为求福风俗，例如祈福、贴福、祝福、聚福、接福、摸福、穿福、吃福、抢福、坐福、跳五福、拦街福、寓意求福、驱邪致福等。这些五花八门的求福方式，经过历史的积淀形成了我们的文化传统，扎根于人们的思想观念和行为方式当中。

一、祈福

祈福，就是向天地、神明或祖先表达自己的心愿，祈求赐福。常见的形式如祭祀祈福、节日祈福、作醮祈福等。

1. 祭祀祈福

前面讲过，"福"字的产生就源于祭祀，"福"字本就有祭祀祈祷的意思，所以祭祀祈福有着悠久的历史。先秦典籍《墨子》中说："今吾为祭祀也……上以交鬼之福，下以合欢聚众，取亲乎乡里"，就是说祭祀不仅能祈福，还能聚会交流，团结乡亲。可见先秦时期人们对祭祀祈福已经有了深刻认识。

不仅如此，在两千多年前的儒家经典《礼记》一书中，还专门讲到了造福于民者才享受祭祀，这段富有哲理的话翻译过来是：

那些生前发挥自己才能为民造福的人，让他们享受祭祀；那些生前忠于职责以身殉职的人，让他们享受祭祀；那些生前勤劳辛苦工作从而使国家安定的人，让他们享受祭祀；那些倾其所能为人民抵御灾难的人，让他们享受祭祀。……还有日月星辰，为人们提供了光明；山林河谷，为人们提供了吃穿材用，所以要永远祭祀它们。凡是不属于这类造福于民的事物，都不在祭祀之列。

这里讲明了传统祭祀的标准与对象——造福于民者，具体所指一般是天地、神灵、杰出人物、有贡献的人物、祖先等。之所以有这样的标准，在于古时祭祀是一件很重要的事情，正所谓"国之大事，在祀与戎"，即国家的大事就是祭祀和战争。对普通老百姓来说，在社庙或者自家供奉的神灵前焚香上供，磕头作揖，祈求五谷丰登、六畜兴旺、合家幸福；而对帝王诸侯来说，通过祭天地、神灵，以求国泰民安、江山永福，这是维护统治的一种方式，也是将祈福文化纳入政治生活的一种表现。

例如古代的皇帝，一般要在冬至这天，在寓意天圆地方的圜丘，举

27

行祭天。祭天仪式复杂、场面浩大，皇帝率领文武百官沐浴斋戒，三跪九叩，分迎神、行礼、进俎、初献、亚献、终献等几个步骤才能完成，以表达向上天祈求风调雨顺、五谷丰登、国泰民安的意愿。现在北京的天坛就是明清时期皇帝祭天的地方。

在今天，人们已经很少祭祀天地了，但是每年的清明节，我们都要祭祀祖先和革命先烈。而祭祀祖先和革命先烈，也不再是为了祈福，更多的是为了表达对祖先的怀念与对先烈的崇敬。

2. 节日祈福

中国人最重要、最隆重的节日，莫过于春节。一到春节，家家户户都会贴"福"字、春联，吃团圆饭，放鞭炮，相互拜年，真是好不热闹。春节期间，全国各地都会举行各种庆贺新春的活动，寺庙里也会敲响新春钟声，人们共同企盼幸福的来临。因为春节时期的祈福，主要是贴"福"字、春联等，所以我们在下面"贴福"部分详细讲，这里只介绍其他节日祈福。

（1）元宵节祈福

据《说文解字》解释：元，为始；宵，为夜。元宵，意为新年第一个月圆夜。正月十五元宵节，是个热闹的节日，这一天北方人吃元宵，南方人吃汤圆，各地还会举办各种祈福活动，逛庙会、赏花灯、猜灯谜、闹社火、送灯、放烟花、踩高跷、扭秧歌、舞龙、舞狮子、游龙灯、迎紫姑、打太平鼓、逐鼠、偷菜、划旱船等等，精彩纷呈。我们讲讲其中直接跟祈福相关的接龙祈福、敲元宵锣鼓和走三桥。

接龙祈福在岭南、湖南、贵州等地较为流行，明清时期就已经出现，历史悠久。一般在元宵节这一天或者前后两天举办，届时村民手舞扎好的上百米长龙游村，祈求日子火红、幸福安康。

而敲元宵锣鼓在我国各地普遍流行，关于其来源，还有个神话故事：相传有种水怪，叫大蜃，平时蛰伏在水边滩涂上，偶尔会起来吐气。如果大蜃正好在正月十五这天吐气，那就麻烦了，因为它吐出的气会使赐

泉州闹元宵习俗

福天官气短目迷。前面讲过，天官是要在正月十五这天来人间赐福的，可一旦遇到了大鼍吐出的气便不会赐福了。那怎么才能使大鼍在正月十五这天不起来呢？大家感到十分为难，就去找一个叫作葛仙翁的人，据说他神通广大，能压服大鼍。葛仙翁知道此事后，就叫百姓们在正月十五这天敲锣打鼓，因为锣鼓敲打的声音就好像在高声喊着："葛公在！""葛公在！"大鼍一听葛仙翁在，就不敢起来。没有大鼍的捣乱，天官也就能降福给百姓了。于是元宵节敲锣打鼓就成了我国各地尤其是江南一些地区的祈福习俗。而这里的葛仙翁，是后人对东晋炼丹家葛洪的称呼，传说他最终修道成仙，之后的人们就在他身上附会了种种传说。

至于走三桥，也叫"转三桥""走百病"，是频见于明清人著作中的元宵节祈福习俗。清代顾禄《清嘉录》载："元夕，妇女相率宵行，以却疾病，必历三桥而止，谓之走三桥。案，《长元志》皆载：'上元，妇女走历三桥，谓可免百病。'明陆伸《走三桥词》：'细娘分付后庭鸡，不到天明莫浪啼。走遍三桥灯已落，却嫌罗袜污春泥。'"可见当时妇女在元宵节夜结伴出游，走过三座桥而止，以求祛疾病，度厄祈福。

走三桥的流行地域见如下记载。明嘉靖《太仓州志》："老媪多率妇女历三桥，云过三桥可免百病，故又名走百病。"明嘉靖《福清县志》："通城女人朝同拜佛、谒庙，夜共看灯过桥，簪青麦而回。男子避道，犯礼者罪之，游行五夜而罢。"明代沈榜《宛署杂记》："正月十六夜，妇女群游，祈免灾咎，前令人持一香辟人，名曰走百病。凡有桥之所，三五相率一过，取度厄之愈。"清嘉庆《如皋县志》："妇女相携游集贤里及泮池，曰：走三桥，保平安。"民国《月浦里志》载上海宝山一带正月十六日"妇媪率子女历三桥（其三桥曰太平，曰吉利，曰安乐），云走三桥免百病，故又谓之走百病"。可知在北京、江苏、浙江、上海、福建，都流行此种风俗，并且不只在正月十五，正月十六晚也可以走三桥。

明代福建人徐𤋮《闽中元夕曲》："妖姬三五佩阑珊，踏碎香尘月影寒。忽听流星天上起，共停莲步转头看。彤襜高揭露妖娇，月色灯光映翠翘。年少路傍虚送目，良家女伴转三桥。"清代陈墨荪《槎溪棹歌》："六街处处夜烧香，踏月同归路几条。一簇衣馨人影外，娇喉呼伴过三桥。"通过这些诗歌可见，明清时期走三桥在江南地区已经成为一个较为重要的习俗。直到今天，这个习俗一直沿袭。江浙地区有俗谚称："元宵夜走三桥，上桥走走，万病无有。小孩走三桥，聪明伶俐读书好；小伙走三桥，事业兴旺步步高；姑娘走三桥，青春亮丽更苗条；老人走三桥，鹤发童颜永不老。"

（2）立春日祈福

立是开始的意思，立春就是春季的开始。作为中国二十四节气之一，立春早在春秋时期就有了。

春天寄托着人们美好的希望，所以立春日便形成了许多祈福习俗：如咬春，要吃春饼、春卷；如打春，要鞭春牛、盼丰收；如报春，要敲锣打鼓，大喊春天来了；如躲春，要在立春日避免口舌之争；如来春，要踏青，采青枝、青菜带回家，等等。这些习俗都是以迎春接福、祈望丰收为主题的。

此外，还有一个"宜春"的风俗。"宜春"就是立春日贴"宜春"二字，俗称"宜春帖"。早在西晋，有个叫傅咸的人，写了一首《燕赋》，其中就有"宜春"的记载，当时人们用五色绸剪成燕子形，来迎接和赞美春天，表示祈愿。后来妇女把剪成的燕形绸当作首饰戴在头上，并贴上"宜春"二字。到了南朝梁，宗懔著《荆楚岁时记》明确记载："立春日，悉剪彩为燕以戴之，贴'宜春'二字。"而至唐代，据药王孙思邈在《千金月令》所记，立春日则将"宜春"二字张贴于门上。之后，贴字内容发生变化，除贴"宜春"外，有直接贴一个"春"字的，有贴"福"字、"喜"字的，还有的贴"福禄寿""福禄寿喜""春福绵绵""喜福有余""迎春接福"等。

除了贴"宜春帖"，上层社会和文人之间还流行写"春帖"，或者叫"春帖子""春帖子词""帖子词"。例如立春日这天，大臣写春帖子进献宫中，贴在宫门及帷帐上。春帖子的内容有歌颂天下太平的，有规劝皇帝的，形式则用绝句。今天研究者据敦煌文书"立春日：铜浑初庆轨，玉律始调阳。五福除三祸，万吉殄百殃"的一则记载，判断春帖子在唐代就已经出现了，后来代代传承，成为民间风俗，直到清代还有相关历史记载。特别值得一提的是，有的春帖子，因为对仗工整，又贴在门上或两楹，慢慢就和新年贴的春联结合在一起了。

（3）上巳节祈福

上巳节是个很古老的节日，西周时期就已出现，当时人们在这一天相约来到水滨，洗濯身体，祓除不祥。在汉代以前，上巳节定为农历三月上旬的巳日，汉代以后固定在农历三月初三。

三月三是个"热闹"的日子：相传这一天是华夏始祖黄帝的生日，中国自古有"二月二龙抬头，三月三生轩辕"的说法；在民间传说中，这一天也是王母娘娘开蟠桃会的日子；在我国南方一些地区，三月三则为鬼节，传说这一天鬼魂出没；而在道教神话中，这一天还是前面讲的治世福神真武大帝的生日。

于是，民间普遍把这一天当作扫墓祭祖、祈福纳祥的日子。南方有些地区还在这天晚上鸣放鞭炮,驱赶鬼魅。而道教圣地如陕西华山、安徽齐云山和九华山、四川峨眉山等,会开展声势浩大的祈福盛会,吸引各地的信众、游客前来登山临水、祈福纳祥。

除上述元宵节、立春日、上巳节,我国其他一些重要传统节日,也都或多或少包含祈福文化。例如农历五月初五端午节,人们不仅吃粽子、赛龙舟,还要用五彩丝缠手腕、脚腕,采艾草、菖蒲插在门上,用来避病瘟;贴午时符、午时联,贴钟馗,辟邪祈福,求得平安健康。再如冬至日,人们要敬神、祀祖求福,有的还要相互宴请,馈赠礼物,互表祝福。

3. 作醮祈福

醮,读作 jiào,本是中国古代祭名,为祭神、拜神的意思。其原始意义,主要在于祈求风调雨顺、国泰民安。东汉末道教、佛教兴起后,逐渐衍变成僧、道设坛祈福活动的专有名词,叫作"作醮"或"建醮"。作醮通常选择特定的日期,设立祭坛,为凶荒瘟疫、水灾火灾、庙宇落成、神像开光、超度亡者、祈福苍生等事由作法事。

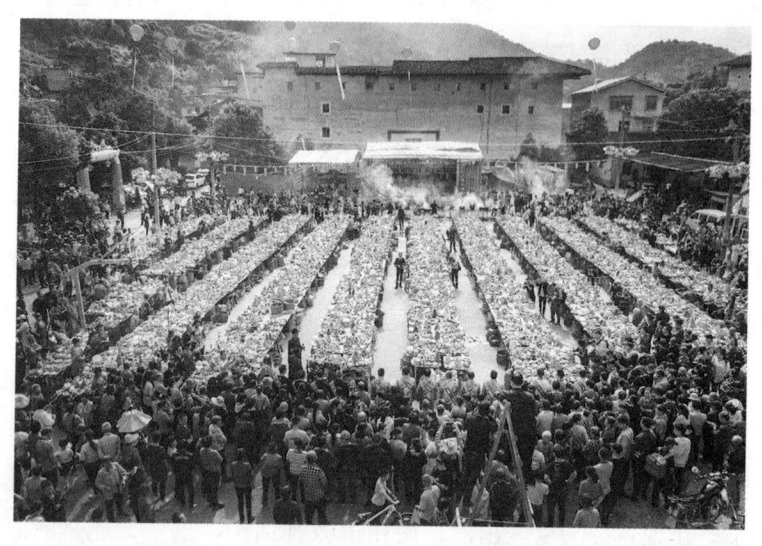

福建永定湖坑"作大福"

后来,作醮演变为大型的民俗活动,明清时候叫"打醮""酢福",

今天福建客家话叫"作福""作大福"。一般在农忙后的闲暇时间，也就是农历的十、十一、十二月举行，但不是每年都举行，有的几年一次，有的甚至几十年才举行一次。作醮时，先是每家每户捐物、集资，作为经费来源，然后选择寺庙一类场地进行布置，再邀请僧人、道士前往寺庙进行祈福，祈求国泰民安、风调雨顺，家家户户平安喜乐、人丁兴旺等。祈福的时间长短不一，长的需要几十天。在这期间，醮场须素食禁屠，每家每户均要准备物资前往集会参拜，共同祈福。

作醮结束后，斋戒禁忌才解除。作醮结束当日晚上，家家户户都会大开筵席，宴请亲友。到午夜，由道士行"谢灯篙"礼，将醮场内的篙竿拆除，醮典才圆满结束。作醮风俗，不仅反映民众的祈福心理，而且就古代的农村生活而言，还具有娱乐的效果，使民众在农忙之余，得以欢乐一番，促进人际和睦。

二、贴福

福文化风俗和春节是紧密结合的，福文化最集中的体现，最具代表性的体现，就是春节中的各种贴福活动。

春节，俗称新年，在农历正月初一这一天，也称元旦、元日、元正、元辰、元朔、三元、三朝、三正、正旦、岁日、岁旦等。宋代吴自牧在《梦梁录》中写到："正月朔旦，谓之元旦，俗呼为新年。"辛亥革命后，改用世界通行的公历，将公历的1月1日定为元旦。这样就出现了公历元旦和原来农历元旦混淆的情况，为了区别开来，人们就把农历的元旦改称春节。

春节在农历正月初一初始时刻，但是老百姓通常把它理解为午夜至早晨之间，甚至是向前扩展到腊月二十三小年，向后延展至正月结束。所以从腊月二十三这天开始，人们就要备办年货、大扫除、装饰布置居室、贴福、安神奉祖等。其中，贴福要在元日前完成，具体日期各地有所差异，但是一般在二十九、三十这两天。贴福不仅是贴大红"福"字，还要贴对联、门神、年画、门笺、窗花等。每逢春节，人们就在家中门窗、立柱、屋墙、屋梁、家具乃至橱柜、米缸、粮囤、水井等处，贴福迎新。

追溯起来，无论是春联、"福"字、门神画，还是年画，都源于古代的桃符。下面我们就先讲讲桃符的故事。

《山海经》记载：很久很久以前，在沧海之中，有一座度朔山，山上有一棵巨大的桃树，盘曲绵延了三千里。桃树东北面的树枝间，有一个鬼门，万鬼都从中出入。有两个神人，一个叫神荼，一个叫郁垒，他们把守鬼门，检阅和管理出入的万鬼。发现害人的恶鬼，就用芦苇绳捆住去喂老虎。于是，华夏始祖黄帝根据两个神人捉鬼的方法，制定了一套驱鬼礼仪，即"立大桃人，门户画神荼、郁垒与虎，悬苇索以御凶魅"。

这套礼仪沿袭成俗，到了汉代则有更多记载。《独断》《风俗通义》等东汉学者写的书里，就记录了当时风俗：每到除夕，人们在自家门前立桃木人偶，称之为"桃梗"，同时在门上画神荼、郁垒和老虎，悬挂苇索，以此祛除凶魅。

南朝梁宗懔《荆楚岁时记》里记载，正月初一日"造桃板着户，谓之仙木。绘二神贴户左右，左神荼，右郁垒，俗谓之门神"。隋代礼仪风俗著作《玉烛宝典》也记载，元日"作桃板着户，谓之仙木"。可见南北朝隋唐时期，制作复杂的桃人已经被仙木替代，仙木大概就是悬挂在大门两旁的长方形桃木板，其得名仙木，或因桃树辟百鬼的信俗。

再后来，人们在仙木上写祈福禳灾的文字，或画神荼、郁垒的神像，即有文字、图画著于桃木上，就成了桃符。这种桃符在五代、宋时期屡见记录，如宋代孟元老《东京梦华录》写到，将近新年"市井皆印卖门神、钟馗、桃板、桃符"；又如宋代陈元靓在《岁时广记》中说："桃符之制，以薄木版长二三尺，大四五寸，上画神像狻猊白泽之属，下书左郁垒、右神荼，或写春词，或书祝祷之语，岁旦则更之。"宋代吴自牧《梦粱录》则描述了大年三十家家"钉桃符"的情形。

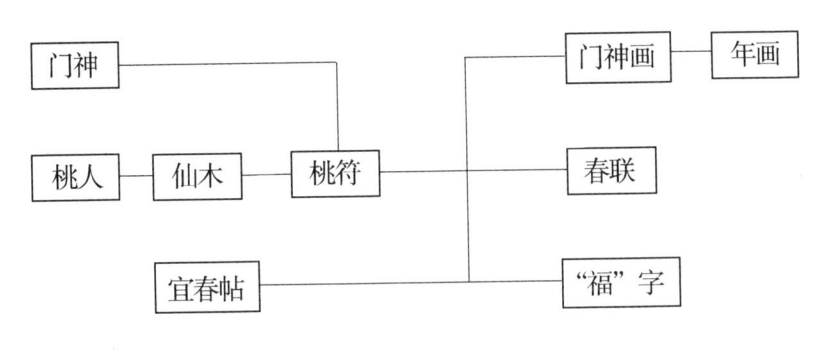

```
┌──────┐                          ┌────────┐  ┌──────┐
│ 门神 │──────────┐       ┌──────│门神画  │──│ 年画 │
└──────┘          │       │      └────────┘  └──────┘
                  │       │
┌──────┐ ┌──────┐ │┌──────┤      ┌────────┐
│ 桃人 │─│ 仙木 │─││ 桃符 │──────│ 春联  │
└──────┘ └──────┘ │└──────┤      └────────┘
                  │       │
┌────────┐        │       │      ┌────────┐
│ 宜春帖 │────────┘       └──────│ "福"字 │
└────────┘                       └────────┘
```

桃符与门神画、春联、"福"字、年画等关系示意图

1. 贴门神

如前面所讲，门神起初被画在门上，就像《荆楚岁时记》记载的那样，正月初一"造桃板着户，谓之仙木。绘二神贴户左右，左神荼，右郁垒，俗谓之门神"。后来人们把门神画在了桃符上，这样的做法在宋代就已经很流行了。同时，由于印刷术的普及，宋代人改用纸画门神，或者印刷门神，就成了今天我们常见的门神画。

门神都有什么人呢？前面说的神荼、郁垒，就是中国最早的门神了，他们当了一千多年的"差"。期间，也有成荆、荆轲这样的勇士，偶尔被当作门神，但是时间较短。直到唐宋时期，更多门神被人们"创造"出来。

首先就是大名鼎鼎的尉迟恭和秦叔宝。传说唐太宗李世民有一次生了一场大病，病中他精神恍惚，每到夜里，都感觉寝宫门外有无数战死沙场的冤魂，这些冤魂往宫里扔砖头瓦片，呼喊怪叫，闹得他越发心神不宁。于是，唐太宗将此事告诉了群臣，要大家献计献策，使他能安睡。于是，尉迟恭和秦叔宝两位猛将，自愿到宫门口站岗，给皇帝守夜驱鬼。当晚，他们身披甲胄、手执武器在宫门口守了一夜，唐太宗果然睡了一个安稳觉。几天

汉代画像石门神：神荼、郁垒

后，唐太宗的身体渐渐康复。他不忍心再让两位爱将守夜，就找来画师，把两个人全副武装的样子画下来，贴在宫门上。说来也奇怪，皇宫内从此夜夜平安。这件事传开后，民间百姓也将他们的画像贴在门上，以求家宅平安得福。

晚唐五代，钟馗也加入门神行列，关于他的精彩故事，我们在前面已经讲过。成为著名门神后，关于他的故事越来越多地被演绎出来，其不仅是春节、端午等节日的重要角色，也成为绘画、舞蹈、戏曲、手工艺术等创作的题材，如年画《恨福来迟》，威严的钟馗手持长剑，瞪大双眼，戏耍一只蝙蝠，活泼有趣，因为蝠读音同"福"，取意"福在眼前"。

早期的门神都是力大无穷的勇士、将军，他们一个个被画成勇武、狰狞、凶狠的样子，因为贴门神最初是为了驱鬼。到了明代，吴承恩在《西游记》里编写了"镇宅福神"魏征的故事，文官魏征成了守后门的门神。也就是从明代开始，穿文官衣服、面目慈祥和蔼的文官门神多了起来。例如"天官门神"，形象为天官装束打扮，头戴展翅纱帽，脸白发长，五绺长须，腰系玉带，足登云头朝靴，手中托盘，头部上方有祥云、仙气，云气里有蝙蝠、如意、寿桃、佛手、灵芝、牡丹、仙鹤等，寓意

山东杨家埠年画《恨福来迟》

"天官赐福"。这表明门神从消极驱鬼到纳福迎祥的象征意义的转变。

不仅如此，随着祈福思想逐渐强化，明清时期，人们还对武官门神凶神恶煞的形象做了改变，使其慈祥起来，甚至加入了爵、鹿、蝠、喜、马、宝、瓶、鞍等内容，谐音读出来就是"爵禄福喜、马报平安"，以此强调武官门神的祈福作用。

2. 贴春联

春联，也叫对联、楹联、门对子等，是新年和立春时贴于门两边或成对廊柱上的联语。春联一般是红底黑字，由两个讲究平仄的对偶句组成，多为五言或七言。它以对仗工整、简洁精巧的文字描绘美好形象，表达人们的美好祝福，诸如"庆新春年年如意，辞旧岁日日平安"之类。根据不同的行业性质、不同的场合，人们还会贴不同的春联，如商铺贴"生意兴隆通四海，财源茂盛达三江"一类，学校贴"院内蓓蕾皆俊秀，园中桃李尽芬芳"一类，农家粮仓贴"六畜兴旺，五谷丰登"一类，等等。左右对联上面的门楣，还少不了贴一副四字横批。

春联的由来，还要从桃符讲起。前面讲过，五代、宋时，春节在桃符上"写春词，或书祝祷之语"，已经普遍流行。这在皇家也不例外，据《宋史》等书记载，五代后蜀皇帝孟昶，每年大年三十这天，都给各个宫署发一对桃符，让他们写上"元亨利贞"四个字。有一次，太子拿到分发的桃符，直接写上"天垂余庆，地接长春"八个字，遂成美谈。此外，这天孟昶还会把翰林学士叫到皇宫，让其在桃符上撰词，然后挂在寝门左右两边。有一年，轮到学士辛寅逊撰词，但写完后孟昶不满意，于是亲自提笔写下"新年纳余庆，嘉节号长春"，大家无不称赞。这被人们称为我国第一副春联。

实际上，第一副春联并不是出自孟昶之手。考古人员曾在敦煌鸣沙山石室发现唐代人手写的古籍，他们在研究这些古籍时，发现了一副新年春联，内容是"三阳始布，四序初开。福庆初新，寿禄延长"。写下这副春联的唐人还特意说明，把它布置在门两边，祝愿亲朋太平幸福。以此看来，唐代就已经有春联了。

春联诞生后迅速流行起来，但一直还是沿用桃符这个名字。北宋宰相王安石写过一首著名的《元日》诗"千门万户曈曈日，总把新桃换旧符"，讲的就是春节家家换新春联的景象。宋、元、明时期，文人们写春联还留下许多趣事。例如，宋末元初成书的《癸辛杂识》中记载，元初

盐官县（今浙江省海宁市）有个在县里管教育的小官，叫黄谦之，在1294年的春节，写了一副"宜入新年怎生呵，百事大吉那般者"的春联。"怎生呵"是"怎么样"的意思，"那般者"意思是"行""就这么办"。这两个词是元代官府公文用语，黄谦之这是意在戏弄朝廷，便被人告发免官。

元代时，春联的叫法就出现了。进入明代，桃符正式改称春联，并专用红纸来书写。明代陈云瞻《簪云楼杂话》中载："春联之设，自明太祖始。帝都金陵，除夕前忽传旨：公卿士庶家门口须加春联一副，帝微行时出现。"经明太祖这一提倡，此后贴春联便沿袭成为年俗。进入清朝后，出现了不少脍炙人口的名联佳对，春联的思想性和艺术性都有了很大提高。富察敦崇《燕京岁时记》说："春联者，即桃符也。自入腊以后，即有文人墨客，在市肆檐下，书写春联，以图润笔。祭灶以后，则渐次粘挂，千门万户，焕然一新，或用朱笺，或用红纸，惟内廷及宗室王公等例用白纸，缘以红边蓝边，非宗室者不得擅用。"

现在，每逢春节，家家户户都要挑漂亮的春联贴于门上，辞旧迎新，增加节日的喜庆气氛。

3. 贴"福"字

每逢新春佳节，家家户户都要在大门两边贴春联，中间也要贴一张大"福"字。"福"字一般写在斗方红纸中央；也有将"福"字绘制成各种图案的，如寿星、寿桃、鲤鱼跳龙门、五谷丰登、龙凤呈祥等；有的还在"福"字旁边印云锦纹、龙纹、寿桃、万年青、牡丹花等吉祥图案。总之，形式越来越丰富多样。

贴"福"字应该也源于桃符。将桃符上题写的"福"字，改为在红纸上书写、印制，就形成了"福"字斗方。同时，"福"字斗方的形成，也结合了立春日的"宜春帖"。前面讲过，"宜春帖"是立春日张贴的一种吉祥语。人们猜测，它后来慢慢移用到春节了。

宋代吴自牧《梦粱录》记载："岁旦在迩，席铺百货，画门神桃符，迎春牌儿。""士庶家不论大小家，俱洒扫门间，去尘秽，净庭户，换门神，挂钟馗，钉桃符，贴春牌，祭祀祖宗。遇夜则备迎神香花供物，以祈新岁之安。"这里说的"春牌"，一般认为就是"福"字斗方。

中国人不仅仅在春节贴"福"字，遇到一些重要的事情，也要贴"福"字。例如对于常年生活于江河湖海中的船民来说，船就是另外一个家，所以每造一条新船，都要隆重庆贺，新船的船舱口，要贴上大红"福"字，表达美好的祈福愿望。又如，安居乐业是一种福分，所以中国人很重视建新房，在建造住房中形成了许多祈福习俗。其中，上梁的时候，要在梁木上贴大红"福"字。

特别要说明的是，民间有倒贴"福"字的习俗，表示"福到（倒）了"，巧用谐音，以图吉利。不过有民俗专家指出，家中的大门一定要正贴"福"字，大门上的"福"字有迎福、纳福之意，而且大门是庄重和恭敬的地方，讲究对称、方正，正贴"福"字才合适。而屋里的柜子、垃圾桶、水缸上则可以倒着贴"福"字，以避讳倒水和倒垃圾时把家里的福气倒走。

4. 贴年画

年画，是春节福文化中又一道靓丽的风景线，跟春联、门神、"福"字比起来，它题材内容更丰富，色彩更艳丽，观赏性更强。

年画来源于桃符和门神。宋人将画在桃符上的门神，改画在纸上，或者印刷在纸上，就是门神画。但慢慢地，人们不局限于画门神，所画的内容开始丰富多彩起来，画好后也不局限于贴在门上，家里墙上、家具上都可以张贴，这就形成了年画。现存最早的年画，是宋代的木版年画《四美图》，画的是古代四大美女王昭君、赵飞燕、班姬和绿珠。

年画创作在宋代很兴盛，当时市民家家户户都要张贴年画。明朝以后，年画无论是题材内容、刻绘技法，还是艺术风格等都十分多样，并形成地域特色，出现了天津杨柳青、山东潍坊杨家埠、苏州桃花坞等年画中心。

近世的年画题材非常广泛，戏剧人物、小说故事、神话传说、现实风情、民俗图案、山水花鸟等皆可入画。与"福"有关的题材，是年画中最主要的部分，也是民众张贴年画的主要目的。如三多图（多福、多寿、多子）、福寿禄三星高照、五福迎门、福禄双全、福禄富贵、五福捧寿等。这种题材常通过寓意、谐音等手法表现人们的美好愿望。

每一种题材的表现手法也是多样的，如"三多"年画有几种画法：有的画福

天津杨柳青年画《福寿三多》

禄寿三星和童子，福星手执如意，禄星抱着婴儿或者手持金榜，白胡子寿星拄着拐杖，捧着仙桃，还有几个小童子环绕三星；有的画蝙蝠（蝠与福谐音）、梅花鹿（鹿与禄谐音）、寿桃等配合福禄寿三星，以烘托画面气氛；还有的用吉祥物来隐喻"三多"，即"多福"用蝙蝠或佛手，"多寿"用寿桃，"多子"用石榴、葡萄、葫芦等。

进入21世纪，春节贴年画的人家越来越少了，但是在我国北方一些农村地区，依然可以见到年画。年画流传虽几度兴衰，但它有自己独特的题材、艺术风格，反映了民众的审美观念。它从一开始便与人们的祈福消灾观念相伴随，这种文化积淀，使它成为春节福文化的重要组成部分。

5. 挂门笺

清代，有个宫廷画家叫邹元斗，有一年春节，他画了一幅《岁朝图轴》献给康熙皇帝。这是一幅描绘新年场面的风俗画，在画的上端，画了五张垂挂的彩色纸，它们的名字叫"门笺"。门笺在清代很流行，当时的诗人杨米人就写过一首《都门竹枝词》，描绘了家家户户迎新年，红红火火、春意盎然的节日图景："挂门钱纸飐春风，福字门神处处同。香墨

春联都代写，依然十里杏花红。"其中"挂门钱纸"，就是门笺。富察敦崇《燕京岁时记》则称其为"挂千"，并描写说："挂千者，用吉祥语镌于红纸之上，长尺有咫，粘之门前，与桃符相辉映。"

现如今，作为传统的春节门楣饰物，我国仍有许多地方保留挂门笺习俗，而且在不同的地方，给它起的名字也不同，有挂千、门钱、吊钱、门花、门旗、彩飘、过门笺、花纸、报春条等二十几种称呼。门笺一般用红纸或彩纸凿刻、剪刻而成，呈竖立长方形，周围有边框，主体部分是镂空的花纹图案或福禄寿喜等字，或汉字与图案的结合，下部有多种多样的牙穗。挂或贴于门楣，一般是每门一排五张，也有更多张排列在一起的，还有每门贴二层到三层、一层五张的。由于门笺下端可随风飘扬，远远望去，很能增加节日气氛。

五张门笺的颜色不同，有头红、二绿、三黄、四水（粉红）、五蓝（或紫）的说法。一年之内要想好运连连，第一张要贴大红色，寓意鸿运当头、开门红；第二张要贴绿色，寓意家人身体健康；第三张，也是中间一张，必须贴黄色，寓意大富大贵、财源滚滚；第四张要贴粉红色，寓意四季红火；最后一张关乎后代，多为蓝色、紫色，寓意紫气东来、五子登科、子孙满堂。

关于门笺起源的传说有多种，有一种说法是为了驱赶怪兽"年"而设，即放爆竹是以其声音来吓唬"年"，而门笺则以飘动感和颜色来刺激"年"的眼睛。

民间还流传，姜太公八十拜相，辅佐周武王伐纣，大功告成后，大封天下众神。不料其妻也要讨封，姜太公遂封她为"穷神"。为怕她不分青红皂白撞到百姓家去，使人家受穷，又令她只许光顾门第豪华的富宅，如果门脸已经破败，便不准进，即"见破即回"。于是为了避免穷神上门，人们就找些破布烂麻挂在门上，表示家道破落，以此诓骗老太婆。后来，考虑挂破烂儿太不雅观，人们纷纷将纸剪破成门笺，贴在门上和窗户上，使穷神见破而回，以送穷纳财、祛祸得福。乡村一些人家在除

夕贴挂门笺后，不仅不怕一夜北风将其吹得破烂不堪，还任其大呈破败之象，即体现拒穷迎富之意。

当然，以上都是传说。挂门笺习俗形成的真实历史过程，漫长而复杂。据《后汉书》之《礼仪志》《祭祀志》记载，汉代时，在立春日这一天，人们要去郊外迎春，立青幡在城门口，以青色象征万物生长、物阜民丰。至唐代，流行一种用绢帛剪成的小幡，叫"春幡"，或称"幡胜""春胜"，在立春那天，作为礼物相互赠送，或簪在头上，或挂在柳枝上，或贴在门楣上。唐李商隐在《骄儿诗》中说"请爷书春胜，春胜宜春日"，意思是娇儿请父亲在自己剪彩制成的春幡上写"宜春"二字。于是，立春日在门楣上挂贴春幡，以取代青幡，在民间逐渐流传开来。

到了宋代，春幡不仅是立春日赏赐、赠送的礼物，并且被广泛应用于春节。宋代陈元靓《岁时广记》记载："元旦，以鸦青纸或青绢剪四十九幡，围一大幡，或以家长年龄戴之，或贴于门楣。"春幡全然成为春节美化环境的贴饰。

清朝以后，门笺逐渐成形，成为今天的样子。从幡胜到门笺，从丝绢到五色纸，历经了漫长岁月。因为其始终演绎迎春纳福的含义，因此生生不息，作为一种风俗流传至今。

6. 贴窗花

民间俗语说："二十八，贴窗花。"贴窗花是我国的传统春节习俗，春节时，人们在窗户上贴上各种剪纸窗花，不仅表达了对福的追求，也渲染了节日气氛，装点了环境，为人们带来了美的享受。

春节贴窗花，大约自宋元时期就有了。窗花内容丰富、题材广泛，有福寿禄喜、吉祥掌故、神话传奇、历

"福"字窗花

史传说、民间故事、戏曲人物、花鸟虫鱼、山水风景、十二生肖等，用夸张手法将吉事祥物、美好愿望表现得淋漓尽致，将节日装点得红火富丽、喜气洋洋。其中，动物题材的如喜鹊登梅、燕穿桃李、孔雀戏牡丹、狮子滚绣球、三羊（阳）开泰、二龙戏珠、鹿鹤桐椿（六合同春）、五蝠（福）捧寿、犀牛望月、莲（连）年有鱼（余）、鸳鸯戏水、刘海戏金蟾、和合二仙等等。戏剧故事题材的，民间把它们串为："大登殿，二度梅，三娘教子四进士，五女拜寿六月雪，七月七日天河配，八仙庆寿九件衣。"

我国大江南北的民众都喜欢贴窗花，还形成了不同的风格。其中北方更为盛行，尤其是山西、河北的窗花，闻名全国。

三、祝福

我们今天说祝福，是祝愿别人幸福的意思，例如各种节日，亲友间相互拜会、问候，祝福对方身体安康、生活幸福。祝福的形式也是多种多样的，如口头表达、文字寄托、馈赠礼物、发红包，等等。可是大家知道吗，祝福一词，最早是指敬神求福，我国江浙一带特别是绍兴地区民间的祝福习俗，正体现了这一含义。

祝福，又叫谢年福、作福、作年福、作冬福。清代范寅所著《越谚》和范祖述所著《杭俗遗风》，都记载了这种习俗。鲁迅在小说《祝福》里，也描写了古城绍兴一年一度的祝福活动。

这是鲁镇年终的大典，致敬尽礼，迎接福神，拜求来年一年中的好运气的。杀鸡，宰鹅，买猪肉，用心细细的洗，女人的臂膊都在水里浸得通红，有的还带着绞丝银镯。煮熟之后，横七竖八的插些筷子在这类东西上，可就称为福礼了，五更天陈列起来，并且点上香烛，恭请福神们来享用，拜的却只限于男人，拜完自然仍然是放爆竹。年年如此，家家如此。

从鲁迅的文字里，我们得知了祝福风俗的大概内容，但这并不是祝

福风俗的全部。祝福，时间跨度是腊月二十到三十夜，广义上讲，在此期间的所有活动、仪式都属于祝福，包括打扫卫生、请灶神爷上天、准备福礼、拜祝福菩萨和请羹饭、散福。而狭义上的祝福，特指拜祝福菩萨和请羹饭。二者在腊月二十到三十之间任意一天举行，如果立春节气在年内，则必须要在立春前的那一天举行。一是要与"作春福"相区别，二是据说在立春之前进行的祝福才比较灵验，立春后再进行祝福仪式，则失去了祈福的意义。具体时间上，又分天未明和黄昏时分两种，前者叫"前进福"，后者叫"懒惰福"，鲁迅描写的祝福是前进福，在五更将尽时举行。

浙江绍兴鲁迅故居中的"祝福"场景（蜡像）

其中拜祝福菩萨，就是在堂屋祝福菩萨神像前，或者在屋檐下，按桌面的木纹横着并列放置两张八仙桌，上面摆上提前准备好的福礼进行祭拜。福礼有鸡、鹅和猪头等，装在红漆圆盘内，上插许多筷子，但以单数为宜，旁边还备一把厨刀和一碗煮熟的牲血。讲究一点的还有牛、羊甚至熊掌。福礼中还须备有豆腐、食盐、年糕、粽子、水果以及茶、酒。福礼的摆法是有讲究的，鸡、鹅要头朝祝福菩萨跪着放置，表示欢迎神享用。还要准备一尾活鲤鱼，用红绳穿过鱼鳃，悬挂在龙门架上，并用红纸蒙住眼睛，是取"鲤鱼跳龙门"之意。摆好福礼后，就开始焚香燃烛，家中男性成员按辈分大小依次行跪拜礼，拜毕鸣放鞭炮，到庭院焚化纸元宝，当纸元宝燃烧过半时，从供桌上请下神马，往火焰上一放，热气流将燃着的神马向上托起，象征福神已吃饱福礼返回天上，并将在新年里赐福这户人家。

而请羹饭,也叫"请回堂羹饭",就是祭祖。将之前摆福礼的两张八仙桌改成照桌面的木纹直摆,调转福礼,拔下筷子,然后祭拜祖先。拜祝福菩萨时,人们是朝外行礼,祭祖时则要朝内跪拜。

请羹饭之后就是散福。用煮福礼的汤汁煮年糕,全家人同吃共享,就叫作散福,表示福神所赐之福散给了一家人。有时候还要邀请左邻右舍、至亲好友来家喝散福酒,吃散福糕。当地民谚云:"吃了散福糕,来年节节高。"

以上就是祝福活动的全过程。可以说,祝福场面隆重,除报谢神佛、祖宗保佑一家过去一年平安外,更寄托着一家老少来年的希望,诸如财运亨通、全家平安、老人长寿、小儿康健等等,是当地重要的福文化风俗。

四、聚福和接福

讲这个题目前,我们先讲清楚与之相关的两个事物:

一个是拜年。这是新年里一项重要的活动。拜年习俗的来历说法不一,其中有一种说法来自于"年"。相传远古时期有一个名叫"年"的怪物,每逢腊月三十晚上出来,挨家挨户地吃人。人们就商量出一个办法:将肉食放在门口,"年"来了有肉吃,就不会吃人了,然后关上大门,一直躲在家里。到了初一早晨,人们开门见了面,见到彼此都平安无事,便作揖道喜,庆贺在新的一年平安健康、万事吉祥。

另一个是名刺。早在秦汉时期,人们将名字刻在削好的竹片或木片上,用于拜见师长等,称为名刺。因竹木携带不便,故其上字不多,仅有名字、籍贯等,类似于今天的名片。魏晋以来,名刺样式日益繁多,内容逐渐增加,其中一种是在上面写上吉利的话语,逢年过节使仆从投送至亲朋家以示祝贺。宋代周密在《癸辛杂识》中描述说:"节序交贺之礼,不能亲至者,每以束刺金名于上,使一仆遍投之,俗以为常。"后世之贺年片,概源于此。

聚福就源于宋代时拜年送名刺。当时的人，尤其是有钱的人家、做官的人家，要互相拜年的师长、同僚、亲属实在太多，家家要登门，时间上安排不过来，于是便让家里的仆人拿着写有祝福的名刺，当作贺帖代替主人去拜访。这样一来，亲友送来的贺帖非常多，于是人们就在自家大门上粘一个红纸做的袋子，上书"聚福"二字，用来收纳贺帖。这种大讨口彩的做法，是将新春的祝贺、拜年的祝福，看作是新年的"福"来加以聚纳的。新年聚福收到满满的拜年祝贺，标志着新一年会福运高照。

接福与聚福类似，一些人家或者寺庙把大红纸袋粘在门上，写上"接福"两个显眼的大字，接受人家送来的拜年贺帖，以纳福气。清代人顾禄在所著《清嘉录》一书中，对于当时苏州人的接福风俗，有较详细的记录："男女依次拜家长毕，主者率卑幼，出谒邻族戚友，或止遣子弟代贺，谓之拜年。至有终岁不相接者，此时亦互相往拜于门。门首设籍，书姓氏，号为门簿。鲜花炫路，飞轿生风，静巷幽坊，动成哄市。薄暮至人家者，谓之拜夜节；初十外，谓之拜灯节，故俗有'有心拜年，寒食未迟'之谑。琳宫梵宇，亦交相贺岁。或粘红纸袋于门以接帖，署曰'接福'，或曰'代僮'。"

无论是聚福还是接福，大门上的红福袋，都是人们在新年中祈福、纳福心理的生动反映。在今天的民俗中，聚福和接福的形式已有诸多变化，例如山东烟台福山民俗，新娘出嫁当天到了婆家，有人要从伴娘手里接过红盆，也叫作"接福"。

五、摸福

摸福就是摸"福"字，或者摸福物，以求沾福气、交好运。这是中国人喜闻乐见的求福风俗活动。

我国有很多摸福景观。如在世界文化遗产乐山大佛的碑廊中，有许多名人书刻的石碑，其中有一方镶嵌在墙上的草体"福"字石碑，十分吸引人。游客走到这里都要饶有兴趣地闭眼摸福，以期预测自己的运气。又如福建福清灵石山国家森林公园内有一块"福"字石，是由清代书法家翁飞云书刻的。传说谁能摸到"福"字顶端一点，就会得到观涧亭下的香石。据地方志记载，该香石"手摩有香气"，得者福分无穷。

民间还有摸福物的习俗。所摸之物，可以是象征长寿的古树，可以是古代建筑门前蹲立的象征威猛的石狮子、象征吉祥的铜麒麟等。如在山东泰安，每逢春节岱庙都要举行祈福迎祥春节庙会，而摸福是其中一项重要的活动，内容主要是摸福石、摸福树。福石指的是岱庙天贶殿前的扶桑石，石头下部有明嘉靖年间山东巡抚沈应龙所题"扶桑石"三字；福树是孤忠柏，传说是唐代忠臣安金藏的化身。人们摸到福后，还会紧握住手，虔诚地把手往兜里放，表示将"福"装在兜里，带在身边。

又如在民俗中，龟是一种吉祥物，称"神龟""灵龟"，是福的象征。在福建闽南和台湾两地，流行"乞龟摸福"民俗已经有几百年历史。乞龟摸福，即每年元宵节之前，用一袋袋平安米堆叠成大米龟，称为"乞福龟"，元宵节这

台湾澎湖"乞龟"习俗

天要举行"点睛"仪式，祈求风调雨顺、国泰民安。点过睛的米龟，就会睁开熟睡的双眼，为摸龟的人祈福。附近民众一早便赶来乞龟，排起长龙，争先恐后聚集到大米龟前摸福，有时到了晚上，依然有人在排队等待。摸龟的时候，要从头到尾摸遍大米龟全身，口念乞龟口诀"摸龟头，盖大楼；摸龟嘴，大富贵；摸龟身，大翻身；摸龟脚，吃不干；摸龟尾，吃到有头有尾"，可谓兴致浓浓。活动结束后，大家把分发的大米带回家，也就是把福带回家了。

2007年元宵节，泉州天后宫与台湾澎湖天后宫合制米龟并举行乞龟活动，共同为两岸民众祈福。从那时开始，泉、澎两地乞龟民俗文化活动每年都会如期举行，成为两地携手举办的一项传统闹元宵活动，生动展示了海峡两岸共同的民俗风情，传播了中华优秀传统文化。

六、穿福

穿福，就是把"福"字、象征福的图案等，绣在帽子、衣服、鞋子等衣物上。穿上这样的衣服，就如同福气随身。

这种求福方法，很早就已经出现了。例如在明代，"福"字、"寿"字、"喜"字，经常出现在服饰上。还有"百事大吉祥如意"，七字作圈环状连续排列，可读成百事大吉、吉祥如意、百事如意、百事如意大吉祥等，非常有趣。不仅如此，有吉祥象征意义的虎（福）、鹿（禄）、仙鹤（代表长寿）、喜鹊（代表喜庆）、蝙蝠（遍福）等，也常常成为纹饰，出现在衣饰上，也有卍与蝙蝠组合的，寓意万福。

明代还有一种履，叫作"福字履"。这种鞋用绒棉、棉布制作而成，履头的正面绣上金色的"福"字，鞋帮绣上云朵，鞋底用八层白布制作。这种福字履一直流行至清代，直到今天，还常见于戏曲舞台上。

在我国南方，民间为小孩求福，有穿虎头鞋、戴狮子帽的习俗。虎头鞋，是用柔软的布或丝绸做的软底鞋，鞋头上绣一个威武的虎头，鞋里绣上"福"字。狮子帽，用柔软的布或丝绸制作，后边有披颈，在帽子前额中间顶一个银制的狮子头或一个大大的"福"字，边上还绣上花朵。人们相信，小孩头戴狮子帽、脚踏虎头鞋，便能如狮子、老虎般强健，健康长大，福气满满。

土族是我国五十六个民族大家庭的一员，在青海土族同胞中，曾经流行着一种鞋，叫"福盖地鞋"。福盖地鞋的最大特点，就是剪贴一对子母相配的蘑菇状云朵图案，这个图案就叫"福盖地"。做鞋的时候，将"福盖地"缝合到鞋头部位，盖住整个鞋头，这样就会得到盖地般大的福气。

七、吃福

福怎么吃呢？聪明的中国人或者给吃的食品取个带"福"字的名字；或者让"福"字、福图案出现在食品上；或者赋予食品象征意义，让它象征福。

例如广西梧州大福饼，是历史悠久的传统糕点。相传大福饼创于清代咸丰年间。最初由一位老太太创制，取名为"婆婆饼"。后来梧州城一位落第穷秀才为了生计，拜老太太为师学艺。老太太见穷秀才聪明好学，便把制作婆婆饼的技艺教给了他。老太太去世后，穷秀才觉得婆婆饼这名字不好听，便改名为"大福饼"，沿用到现在。今天人们喜欢吃大福饼，更喜欢大福饼名字讨吉利，有的人还把大福饼摆上供桌，祈福降临。

在山西、陕西等地，有一种祈求子孙有福的食品，叫"子福"。每逢清明节，当地人要用子福祭祖。子福是用白面做的，用笼屉蒸熟，里面有馅儿，馅儿用枣子、豆子、核桃等做成。面上放一只鸡蛋，周围盘上几条用面捏的蛇。子福含有祈求祖先庇护，祈求家庭和睦、子孙兴旺的意思。清明时，先用一个大的子福祭祖，叫"总子福"。祭完祖，全家分食，就意味着得到了福气。凡出嫁的女儿，娘家每年都要送一个子福过去，祝福女儿生活和美、多子多孙。尤其新媳妇在婆家过的第一个清明节，娘家要特制一对子福，还捏上花鸟虫鱼等形状的面点，祝福女儿女婿生活如花、前程似锦、早生贵子。新媳妇还要抱着子福，到婆家的祖坟祭奠，祈求祖先赐子赐福。

还有一道闻名遐迩的闽菜，叫"福寿全"，也叫"佛跳墙""坛烧八宝"。这道菜融鱼翅、海参、鸡、蹄筋、干贝、香菇、鲍鱼、笋尖等20多种山珍海味于一坛，烹调繁复，美味绝伦，入口欲化，一菜成席。关于它的来历，还有一个故事：有一次，清代福建官钱局一官员在家宴请布政使周莲，席间上来一道菜，是用多种海产品和十余种材料，加骨汤、黄酒、香料文火煨制而成，让周莲大饱口福，赞不绝口。回家以后，他便盼咐一位叫郑春发的家厨特地去登门请教，才学到精细周密的烹调手艺，尤其是用绍兴黄酒坛封口后作炊具进行煨制的绝招。郑厨师之后潜心研究，又在原料中增添了海参、干贝、鱼翅、鲍鱼、猴头、冬笋等山珍海味，使此道菜的味道和身价更胜一筹。大约在1877年，郑厨师在福州东街口开设了一家"聚春园"菜馆，将这道菜起名为"福寿全"，以作招牌菜招徕食客，一时间生意兴隆，顾客盈门，许多人慕名而来品尝这美味佳肴，有人即席赋诗曰："坛启荤香飘四邻，佛闻弃禅跳墙来。"从此这道菜改名为"佛跳墙"。

闽菜"佛跳墙"

　　北方人喜欢做带有"福"字的糕点、面花。例如过去在北京、天津一带，人们往往送一种叫"福喜字"的糕点，给办寿宴、办喜事的人家，表达祝福。过年节、祭祖，也会用"福喜字"糕点。这种糕点，就是用面粉制作成"福"字形、"喜"字形或"寿"字形，或者在糕面上做福、禄、寿、喜等字。如给长辈送捏成圆环形的，上面有蝙蝠和梅花鹿的面花，祝福老人福（蝠）禄（鹿）双全；给小孩送捏成老虎、鸟雀之类的面花，老虎面花是祝福男孩儿像老虎般强壮威猛，鸟雀面花是祝福女孩儿如百灵鸟般能说善唱。

　　江苏、浙江一带有个传统民俗：在大年初一，家家要吃"百事大吉"，为新春祈福。百事大吉，就是柿饼和福橘，"事"与"柿"，"吉"与"橘"谐音。据记载，早在明代，人们是把柏枝插在柿饼上的，下面摆上大橘，这是一种吉祥陈列，春节过后一家人再分着吃掉。到了清代晚期，正月初一就改为吃柿饼和福橘了。

八、抢福

古往今来，各种求福民俗深入人心，久传不衰，在承传延续的过程中，又不断发展创新，形成丰富多彩的求福新俗，抢福就是其中一个。

抢福，最早源于祭祀，祭祀之后，人们分食祭祀的食品，就是抢福。例如满族从前有个习俗，家祭时，让家里的小孩子将供祭的九罗小饼夹于"神树"树枝上，拜神之后，大家到"神树"上抢食小饼，以求福运，称之为"抢福"。

在陕西府谷，流传着另一种抢福，叫"抢花抢福"。在当地，结婚时有一个特别的讲究，若有两家娶亲的在半路上相遇，两方新人就要进行一场抢夺大红花的大战。按传统的说法，谁抢到了大红花，谁就抢到了福气。

可是，抢花抢福毕竟不文明，有时候，为了争抢，双方还会大打出手。后来，人们便约定俗成，若有两家娶亲的相遇，便不再抢花，而是主动换花，双方各有所得，满意而去。这样，"抢福"就变成了"换福"，和和美美。

九、坐福

坐福，是一种结婚风俗。按照传统的说法，结婚这一天坐福，会给新人夫妇带来福气。

山东烟台民俗，新娘出嫁当天，要请伴娘拿着用红包袱包着的红盆，叫作"包福"。新娘到了婆家，有人要从伴娘手里把红盆接过去，叫作"接福"。新娘拜见公婆，敬过茶之后，就要进入卧室，由新郎抱到床上，坐在一个绣有"福"字的垫子上，叫"坐福"。有新娘坐福的，也有新娘、新郎一起坐福的。坐福时间越长，福气越多。如果是新郎、新娘两人坐福，还要尽量别说话，保持安静。

而满族的坐福婚俗有所不同，新娘进入新房后，不是坐在床上，而是坐在火炕上，脸朝着南边，坐一整天。锡伯族婚俗，新娘坐喜篷车到男方家，拜完天地入新房，新娘坐的褥子下面放一把斧子，也叫"坐福（斧）"。

十、跳五福

跳五福，是古老的祈福文化活动，各地都有流传，但是具体内容和形式却不尽相同。

在陕西西安终南山一带，有一种跳钟馗的习俗，从唐宋流传至今。跳钟馗形式上是一种舞蹈表演，共有六跳，其中第一跳就是跳五福。表演跳五福时，选一个人扮演钟馗，头顶乌纱，面涂紫金，耳带长髯，足蹬朝靴，金银垫肚，外罩紫红袍，左手持金色蝙蝠，右手持七星宝剑，前有五只蝙蝠引路，后有黄罗伞盖，旁有书酒侍者，亦步亦趋。在节日、婚庆、寿宴、祈福、开业、建筑完工等场合，人们用这种舞蹈表演祈盼幸福美满、福海无边。

类似跳五福，当地还流行踩五福。在终南山脚下的欢乐谷景区，人们在山石上雕刻五只蝙蝠，寓指"五福"。据传，人们按由大到小的顺序踩踏五只蝙蝠后，会身体健康、五福临门、福如东海；按由小到大的顺序踩踏五只蝙蝠后，会福贵双全、五福随行、福寿无疆。

在江西赣南山区，盛行着另外一种跳五福，叫"五福归堂"。这是一种民间舞蹈，跳时由五个男孩舞一条龙灯，又有五个女孩，手执五只"福""禄""寿""喜""财"蝙蝠灯参与，男孩女孩彼此各成一队，随着乐声的响起交替起舞，象征"龙来生瑞，蝠到增福，瑞气盈门，五福归堂"的吉庆寓意。

十一、拦街福

"春意迟，天降福，福在街头暗摸索，谁家拦去春常足。"每年农历二月初一到三月十五，是温州拦街福举行的日子。拦街福，又名平安福，是温州的一大求福习俗。

在古代，民间有"春许冬还"的习俗，就是在春天举行春祈，祈求天神保佑当年五谷丰登、一方平安；然后在冬天举行冬祭还愿，感谢一年来天神的赐福。拦街福就属于春祈。

清朝同治年间，拦街福在温州已非常流行，当时的永嘉太守叫郭钟岳，还写过一首《拦街福》诗："春祈饮福会拦街，酒醴笙簧处处皆。今夜出游新雨后，青泥污损凤头鞋。"拦街福举办期间，温州的主要街道要一个接一个轮流进行求福活动，张灯挂彩，红幔遮天，好不热闹。

拦街福最初只是一种单纯的民俗，后来人们以娱神为名，增加了文化娱乐活动，例如猜灯谜、剪纸龙、戏曲表演，还有传统工艺品展示，以及售卖馄饨、胶冻、九层糕、麦芽糖、灯盏糕等温州传统美食小吃。民众则穿着新衣，带着礼品，走亲访友。如今拦街福已成为集商贸、娱乐、旅游于一体的独特复合型民俗活动。

十二、寓意求福

"福"本身看不见、摸不着，无法用图像显现，所以中国人表达"福"，一是直接使用汉字，如随处可见的"福"字斗方；二是借助形象表达，例如福星、门神钟馗等偶像；三是借用汉字谐音，如蝠谐音福、鹿谐音禄、虎谐音福等；四是借物托意，例如乌龟象征长寿，石榴象征多子等。也有以上几种方式的组合，其中第三种和第四种，可以叫作"寓意求福"，它讲究"图必有意，意必吉祥"，烘托喜庆气氛，表达情感，显现了中国人含蓄求福的智慧。

寓意求福的典型，要数蝙蝠了。蝙蝠头面似鼠，双耳大而突出，四肢和尾之间覆盖着薄而坚韧的皮质膜，是具有飞翔能力的哺乳动物。与西方文化中将蝙蝠视为邪恶的化身完全相反，中国人传统上将蝙蝠视为福气、长寿、吉祥的化身。

清代乾隆粉彩蝙蝠纹磬　　　　　清代道光慎德堂款五蝠捧寿纹盘

从我国曾出土的一件红山文化时期红色玉雕蝙蝠看，似乎早在新石器时代，我们的祖先就已经以蝙蝠为求福祥兽了。而从民间习俗的角度说，其能象征福，跟中国的神话传说，尤其是道教信仰有很大关系。

第一，古人认为蝙蝠长寿，道教尤其认为蝙蝠具有仙化和药用价值。道教典籍《抱朴子》这样描述："千岁蝙蝠，色如白雪，集则倒悬，脑重故也。此物得而阴干末服之，令人寿万岁。"就是说蝙蝠是长寿的动物，能活到千岁的蝙蝠，全身雪白，头也变得很重，以至于倒垂悬挂，将白色蝙蝠风干磨成粉，吃了可以长生不老。

第二，蝙蝠形象丑陋，让人感觉神奇敬畏，于是在中国古代神话传说中，蝙蝠成了驱邪避凶的祥瑞之物。道教的神话传说称，在混沌初始的时候，天地之间有黑色和白色两只蝙蝠，其中黑色的蝙蝠就是斩妖除魔的钟馗，白色蝙蝠则是八仙神话中的张果老。还有红蝙蝠，在民间吉祥物中大受青睐，因"红蝠"谐音"洪福"。

第三，蝙蝠是益兽，对人类有帮助。古代缺乏防蚊虫的设备和药剂，而蝙蝠能在夜里飞翔入室，捕捉蚊虫等作为食物，这对于维护人类健康极为有利。所以古人觉得蝙蝠能去五毒驱鬼怪，有巡夜保平安的作用。

第四，也是最主要的，"蝠"与"福"同音。清代有一本叫《亦园亭全集》的书籍记载："虫之属最可厌莫若蝙蝠，而今之织绣、图画皆用之，以福同音也。"民间习俗将这种同音做了延伸，如蝙蝠习惯于倒挂栖息，则有"福到"之意；门槛上饰铜蝙蝠则是"脚踏福地"；门把手作蝙蝠形则象征"伸手有福"；蝙蝠进入家门则是"福临门"的征兆，等等。人们还运用各种想象，创造蝙蝠图案，如绘五只蝙蝠取意"五福临门"；绘五只蝙蝠与荷花、圆盒组合在一起，取意"五福和合"；将蝙蝠与云团组合，寓意"福运"；将方孔铜钱与蝙蝠组合，寓意"福在眼前"，等等。

又如用葫芦寓意吉祥福庆，也是由来已久。传说中，伏羲和女娲遇到大洪水后，是躲在一个大葫芦中才得以逃生的，因此民间视葫芦为长寿健康的象征。先秦诗歌总集《诗经》中的《绵》《南有嘉鱼》等篇，用葫芦象征子嗣连绵、人丁兴旺，祝福新婚佳偶。后来，从谐音的角度说，"葫芦"与"福禄"同音，于是葫芦又是富贵的象征。综上，人们把葫芦看作可以驱灾辟邪、祈求幸福的吉祥植物。

此外，还有石榴，因为多籽，中国人用它寓意多子，俗称"榴开百子"；佛手柑，又叫佛

明代景德镇窑青花仙鹤花果纹葫芦瓶

手，形状像人手，色黄，香气浓郁，人们用它作室内摆设，佛谐音"福"，佛手谐音"福寿"，佛手也被视为"福"的象征物；桃子，自古以来就是仙果的化身，是长寿的象征；梅花有五个花瓣，象征五福。又如龟、仙鹤、松树象征长寿，"虎""壶"谐音"福"，猴子、鸡冠等象征官位，牡丹、桂花象征富贵，莲象征多子，鱼象征有余，等等，都寄托着寓意求福的美好愿望。

十三、驱邪致福

中国人的求福风俗五花八门，不仅用直接的方法求福，还要用反向的办法，就是赶走不吉利的鬼神，这样福就来了。常见的如打傩、打旱

魃、送疫鬼、送穷鬼等。

傩，最早是指人们在驱赶恶鬼时口中呼喊的声音，打傩就是驱鬼，这是一种场面宏大且广泛存在的民间驱鬼习俗，并且在孔子那个时代就有了。打傩通常在除夕之夜举行，人们跳着傩舞，嘴里大呼"傩"。在皇家，傩舞还是宫廷春节表演节目。《新唐书·礼乐志》上记载了唐代的一次傩舞演出，有五百童子参加，他们在"方相氏"的率领下，齐声吆喝着"傩、傩"，呼声震撼天地，仿佛让一切妖魔鬼怪无藏身之地。人们认为，这种方式可以驱赶一年的邪气，用干净清新的环境迎接福气的降临。

打旱魃。不论中国南方还是北方，长期以来都有打旱魃的习俗。《诗经》中就有了"旱魃为虐，如惔如焚"的句子。汉代成书的《神异经》中也记载说："南方有人，长二三尺，袒身而目在顶上，走行如风，名曰魃，所见之国大旱。"打旱魃，由一个人装扮成旱魃的模样在前面作逃跑状，后面的人手握武器追赶，边追边喊"打旱魃喽"，最后，"旱魃"无奈，只能跳进一个池塘里，这样驱鬼仪式就完成了。人们认为，旱魃被打走以后，就会风调雨顺、五谷丰登。

送疫鬼。古代医疗不发达，疾病时常困扰着人们。当身患疾病或大规模疫情蔓延的时候，人们就想象出一种疫鬼，或者叫瘟神，并因此发明了驱逐疫鬼的仪式：把疫鬼的名字写在纸上，放在纸船中，然后点燃，这就叫"纸船明烛照天烧"，于是疾病就会好起来。

送穷鬼。这也是一个很有趣的驱邪致福的民俗。贫穷的原因有很多种，民间却想象出一个穷鬼，把穷归结于穷鬼在自己家里作祟。平常日子里，人们想要赶走穷鬼，就会准备好吃好喝的，请一个读书人到家里，写一篇赶穷鬼的檄文，放在火上烧掉，或者请道士把"穷鬼"二字写在符纸上，投在火中烧，边烧边念念有词送走穷鬼，然后人们就等着福气财富降临。年节时候，送穷鬼别有讲究。如在北方，人们会在正月初五清晨，用竹竿悬挂鞭炮，从房里一直放到大门口，并将纸剪的一个人形丢掷在大门外，象征送走穷鬼了，于是正月初五这天也叫"破五"。而在上海，人们认为正月初五既送穷鬼又迎福星（财神），两者合二为一。在广东，则在正月初三"穷鬼日"送穷，这一天人们把屋内破旧杂物打扫收集起来，送到屋外旷地上去焚烧，同时燃上香烛，叩头拜揖，祈祷"穷鬼去，福星来"。

第三章　福文化故事

第一节　典故与史料

一、华封三祝

尧，是中国上古部落联盟首领。相传有一天，尧到一个叫华的地方去视察，华的封人即管理华的官员前来迎接。封人对尧说："圣人呀，请允许我送给您祝福。祝您长寿。"尧听了后忙说："我不能接受这个祝福。"封人又说："祝您富有。"尧又回答说："我不能接受这个祝福。"封人又说："祝您子孙众多。"尧还是回答说："我不能接受这个祝福。"

封人奇怪地问："长寿、富有、子孙众多，是人人都希望拥有的呀，您却不想拥有这些，这是为什么呢？"尧回答说："子孙多了，就要为他们多担心；财

〔清〕郑板桥《华封三祝图》

富多了，就会多出许多麻烦事；寿命多了，就要多出许多耻辱。所以我不敢接受。"

封人听了，说道："原来我认为您是圣人，现在看您还算不上圣人。上天生了万民，就会给他们安排事情做，子孙众多，必然人人有事做，有什么可担心的呢？财富多，就分给众人，让人人都富有，又有什么麻烦呢？天下太平，就跟万物一同昌盛；天下纷乱，就修养德行和身体，趋就闲暇，哪里会有什么耻辱呢？"尧听了，被封人的话深深打动，觉得很有道理。

这个传说原本出自先秦《庄子》一书，后来就变成"华封三祝"，成为民间流行的祝福贺辞。

二、天保九如

"天保九如"这个典故，出自《诗经》中的《天保》篇。这是一首臣民写给君主的诗，大意是向君主祝福，愿上天赐给君主一切幸福。

天保定尔，以莫不兴。如山如阜，如冈如陵，如川之方至，以莫不增。……

如月之恒，如日之升。如南山之寿，不骞不崩。如松柏之茂，无不尔或承。

翻译过来大意是：上天保佑你安定，一切兴盛繁荣。事业庞大稳固，就像高高山岭，就像巍巍丘陵，就像河水滚滚而来，永远不断增长。就像新月渐盈，旭日东升。又像南山寿无穷，永不亏损塌崩。还像松柏常青，子子孙孙相传承。

诗歌巧用比喻手法，连用九个"如"来表达对君主的祝福。后来，

吉祥图《三多九如》

"九如"成为祝颂吉祥幸福的意思,而"天保九如"成为后人经常引用的经典语句。过去民间流行民俗画《九如图》,往往在画面上画九支如意,也有改为画九条鱼的,寓指"年年有余""久久(九九)有余"。

三、万福攸同

"万福攸同"这个典故,出自《诗经》中的《蓼萧》篇和《采菽》篇。《蓼萧》是一首赞美周文王的诗,诗中描写诸侯见到周文王,大家一起宴饮笑谈,诸侯赞美周文王的威仪,并祝福他"和鸾雍雍,万福攸同"。万福,泛指多福,攸是聚的意思,即人间的万种福祉一齐到来。

天津杨柳青年画《万福攸同》

《采菽》是赞美诸侯来朝和周天子赏赐诸侯的诗,其中有一句"乐只君子,万福攸同",也是同样的意思。此外,《诗经》之《桑扈》篇有"万福来求",求也是聚的意思,所以,"万福来求"与"万福攸同"同义,都是表达好多福齐聚的愿望。

自《诗经》之后,"万福攸同"在历代福文化创作中频繁出现,尤其成为明清青花瓷器常用吉语款。

四、箕子五福

古往今来,人们在不断总结哪些是福,出现了五福、六福、十福等说法,这样还觉得不够,又有百福、千福、万福等多种说法。百、千、万,形容福多,不是具体所指。还有多福、全福,无非是想把各种美好的事物汇聚在一起。其中,"箕子五福"说产生最早,思想体系最完备,影响着中国人的幸福观。

箕子是商代著名大臣，商纣王的叔父，他与微子、比干齐名，并称"殷末三仁"。当时商纣王荒淫无道，不理政事，箕子一次又一次劝说，纣王不听，最后还将箕子关押起来。公元前1046年，周武王举兵灭了商王朝，纣王逃到鹿台，穿上宝玉衣，跳到火里自焚而死。周武王随即释放了箕子，但箕子觉得自己是商朝人，不应该给周朝效命，于是就率领几千个族人出走，到了今天的朝鲜半岛。后来，箕子思念故乡，就又回到周朝都城镐京。武王听说箕子回来了，便去造访箕子，向他咨询治理国家的经验。箕子便将夏禹传下的"洪范九畴"，即治

清乾隆皇帝朱白文螭钮玉玺"箕畴五福"

国安民必须遵循的九条大法，陈述给武王听。九条大法记录在《尚书》之《洪范》篇中，其中最后一条叫"飨用五福，威用六极"。威用六极，就是通过夭折、多病、忧愁、贫穷、丑恶、懦弱这"六极"警戒和阻止人们从恶；飨用五福，就是通过"一曰寿，二曰富，三曰康宁，四曰攸好德，五曰考终命"这"五福"劝导人向善，翻译过来即寿、富、康宁、好德、善终。这便是"箕子五福"的由来，也称"箕陈五福""箕畴五福""洪范五福"。

后代学者研究箕子五福，纷纷给出自己的解释。汉代学者孔安国解释说："寿"是"百二十年"，"富"是"财丰备"，"康宁"是"无疾病"，"攸好德"是"所好者德福之道"，"考终命"是"各成其短长之命以自终，不横夭"。唐代学者孔颖达解释说："五福者，谓人蒙福祐有五事也。一曰寿，年得长也。二曰富，家丰财货也。三曰康宁，无疾病也。四曰攸好德，性所好者美德也。五曰考终命，成终长短之命，不横夭也。"用今天的话来说：一曰寿，指享有高寿；二曰富，指生活富裕；三曰康宁，

指身体健康，心神安宁；四曰攸好德，指重视自己的道德涵养，施德于人；五曰考终命，就是无疾而终，寿终正寝。五福要是都齐全，那么就完美了。

箕子所说的五种福，哪个更重要呢？宋代欧阳修写过《长安郡太君卢氏墓志铭》一文，阐述了它们之间的关系，翻译过来如下：

长安郡有一位姓卢的老人，她是刑部侍郎蔡琇的妻子，礼部侍郎蔡襄的母亲。治平三年（1066）十月的某一天，老人在杭州的官宅中去世了，享年92岁。真是令人感叹啊，如此高寿！寿，是《尚书·洪范》五福之一；福，是所有的事情都顺利、如意。虽然把福分为五种，但是一种也不能缺少，才能算作有福。这五种福，只有修养德性是人努力可以达到的，其他四种都是靠运气、靠老天安排；反过来，只有修养德性，才能得到另外四种福。

这五种福，每个人得到的有多有少：长寿却贫穷、多病，是很可悲的，这不算有福；长寿、富有又健康，但是没有品德驾驭这些，就会做坏事，这不算有福；长寿、富有又健康，也有好品德，却死于意外，这叫不幸，也不算有福。所以五福缺一不可，这么看，卢夫人是五福齐备的幸福之人啊！

五福的内容也在不断变化，越来越贴近老百姓生活。汉代的桓谭，写了一本书叫《新论》，在书中，他将五福总结为："寿、富、贵、安乐、子孙众多。"跟箕子五福比较起来，除了"寿""富"，其他三项都改了。箕子五福最看重长寿、健康，占了三项，但是没有"贵"，桓谭增加了"贵"，体现出人们希望通过个体努力获得尊贵地位的渴求。这是因为在周代的时候，封爵和地位都是世袭的，每个人的阶层是固定的，生下来就注定了自己的命运。可是到了汉代，实行人才选举的办法，有才干的人就有机会脱颖而出，获得做官机会和尊贵的地位。安乐，接近箕子五福的"康宁"，只是更强调幸福感。子孙众多，证明多子多福的观念在这时深入人心，这是一般百姓的心声，也是儒家"生民之始，万福之原"

思想在汉代广泛传播的结果。到了明清时期，五福更加世俗化，"福、禄、寿、喜、财"五福说，在民间广为流行，并流传至今。人们供奉福、禄、寿、喜、财五路神仙画像，象征五福的带有五只蝙蝠图案的器皿、工艺品随处可见。

五、大富贵亦寿考

这个典故出自唐代名将郭子仪。传说有一次郭子仪率军行进，正好赶上七夕之夜，忽见一片红光，然后空中有一辆华丽的车子慢慢降落下来，车上的锦绣帐中坐着一个美丽的女子，正俯身向下看。郭子仪猜想是天仙织女下凡，立即拜祝祈祷。织女一见郭子仪有求，笑着说："大富贵亦寿考。"说罢，车子又慢慢升上天空消失了。后来郭子仪因战功而一路晋升，声名显赫，大富大贵。

其实，这是人们根据郭子仪的生平事迹，为他编造的传说故事，以此表达对这位将领的尊敬，更表达对郭子仪一生"大富贵亦寿考"的羡慕之情。

郭子仪是唐代华州人，也就是今天陕西渭南人。他从小武艺高强，在武举考试中成绩优异，后来做了九原郡太守。安史之乱爆发后，他率军讨伐叛乱的军队，功劳第一，被封为汾阳王，当时的皇帝唐肃宗说了一句感人的话来表扬郭子仪的功绩："虽吾之家国，实由卿再造！"

唐肃宗的儿子唐代宗做皇帝的时候，有一年回纥、吐蕃联合起来入侵。郭子仪得知后，只带着几十个士兵骑马前往。到了回纥兵营，郭子仪脱下盔甲，把长枪插立在地上，一点都没有惧怕的样子。回纥的首领见到这情形，立即上前迎接。郭子仪大义凛然，斥责回纥破坏盟约，入侵边境。这个首领一向崇敬郭子仪，此时见郭子仪一副威风凛凛的样子，又自知理亏，不禁说道："我受了小人的蛊惑，说唐皇帝已经去世，您也去世了，因此才敢来冒犯。今天见到您还活着，我们怎敢与您为敌。"于是，郭子仪便让回纥首领弃暗投明，与唐朝军队联合，一起攻打吐蕃。

回纥首领立即召集将领，宣布攻打吐蕃的计划。吐蕃军队听到这个消息，连夜退兵。郭子仪率领唐军与回纥军队追击，最后大败吐蕃。这就是郭子仪"免胄退回纥"的故事。

到了代宗的儿子德宗做皇帝的时候，郭子仪更受尊崇，连皇帝都要管他叫"尚父"。据《新唐书·郭子仪传》记载，郭子仪的一生数次平叛，击退外敌，拯救天下安危；官居宰相，主持官吏的考核高达24次；8个儿子7个女婿，个个在朝廷做大官，孙子几十个，自己都认不全；活到85岁，堪称高寿。书中评价他说："富贵寿考，哀荣终始，人臣之道无缺焉。"郭子仪一生可谓集诸福于一身，无论当时的人，还是后来的人，都非常羡慕。宋人徐钧写诗称颂他："古今多少功名在，谁得如公五福全。"在民间，郭子仪也是富贵长寿的象征，例如清代杨柳青年画《天赐五福堂》，画的就是郭子仪寿辰，八子七婿前来五福堂拜寿的情景。过去，老百姓都喜爱在家中张挂这幅年画祈福，渴望像郭子仪一样"大富贵亦寿考"。

第二节　传说与趣闻

一、"卧福睡寿"陈抟福

陈抟为五代末、宋初的著名道士，宋太宗曾经赐给他一个称号"希夷先生"，而民间多尊称他为"陈抟老祖"。陈抟是富有传奇色彩的一代道教宗师，有关他的民间传说非常多，其中一段与宋太祖赵匡胤有关。

赵匡胤当皇帝之前，一日从华山下经过，在华山修道的陈抟邀其上山，二人在亭中下棋，陈抟提出以华山为赌注，三局两胜。赵匡胤年少时就好赌博，又擅围棋，心想下棋是自己强项，况且即使输了，华山也不是自己家的，又有何妨，便欣然应允。初局和，第二局赵匡胤先占优势，心中暗喜，谁知很快陈抟竟转败为胜。第三局，陈抟又胜了，赵匡胤当即写下输了华山的字据。时过不久，赵匡胤发动陈桥兵变，龙袍加身，当了皇帝，陈抟便以字据为凭，讨了华山作为修仙之所。

据说陈抟一直活到118岁，往来华山、武当山间居住。相传他在武当山上修炼时，练就了著名的睡功，入睡时专气致柔，呼吸如婴儿，一睡可一百天不醒。辟谷时，可以一月至数月不吃东西。武当山皇经堂的墙壁上至今还留有陈抟当年习练睡法时，亲手所书的"福寿"二字，字高约1米，宽1.4米，字体为草书，款题"陈抟书"。二字横卧，笔画粗壮，笔势迅疾如行云流水。因传为陈抟睡躺时所写，故又称"卧福睡寿"。后人曾写有一副赞赏陈抟"福寿"二字的对联："寿状青龙蟠玉柱，福伏白鹤踏芝田。"把"福寿"二字的形态描绘得惟妙惟肖。并且，陈抟的"卧福睡寿"，内含"田给予福、林付长寿"八字哲理，既是书法奇观，又隐含着道教注重平衡、福寿养生的思想，是祥瑞祝福之物，受世人赞叹喜欢。今天广东肇庆崧台书院、重庆大足宝顶山、四川峨眉山、山东蓬莱阁、辽宁医巫闾山等，都保有陈抟"福寿"二字石刻遗迹。

湖北武当山南岩宫皇经堂镌刻于岩壁之上的横卧"福寿"

二、恨福来迟

唐代钟馗成为门神后，深受人们喜爱，名气也越来越大，成为驱鬼、打鬼的象征，地位慢慢超过其他门神。于是，有关钟馗的鬼神故事不断涌现出来。明代神魔小说《钟馗斩鬼传》，就讲了一个"恨福来迟"的故事。

有一次，钟馗前往人间斩妖魔，过了枉死城，看见奈河桥上站着一个小鬼。小鬼拦住钟馗去路，大声问道："你是哪个神魔，敢从我的奈河桥经过？"钟馗发怒说："大唐皇帝封我为神，阎罗王派给我士兵，你是何人，敢在此拦路？"小鬼又问道："原来是尊神，你要去哪里呢？"钟馗说："我奉皇帝命令，遍行天下，斩妖除魔。"小鬼听了，连忙表示自己愿意随钟馗一起除魔。钟馗问道："你有什么本领？"小鬼恭敬地回答说："我现在的鬼形是刚刚变的，原来我是一只鼹鼠，曾经跟鹡鸰打赌：若它能在林间筑满巢穴，我就能把奈河的水喝干。不料喝了奈河水之后，身上长出两只翅膀，变成了蝙蝠，哪个地方有鬼，我都能知道。您既然要到各处抓鬼，就带上我吧！"钟馗听了，高兴地说道："我正需要一个向导，你赶紧现出蝙蝠原形，飞在前面。"于是，小鬼变成一只蝙蝠，飞在前面带路，钟馗跟在后面高高兴兴去打鬼。

故事中，钟馗与蝙蝠结缘，得了一个助手，有种相见恨晚的感觉。又由于"蝠"与"福"谐音，当时人们用蝙蝠寓指福气，所以派生出吉祥语"恨福来迟"。恨福来迟与民间祈福心理相结合，是绘画创作中的常见主题。

三、天下第一福

天下第一福，是称赞康熙皇帝所写的一个"福"字。关于这个"福"字的来历，有一段佳话。

康熙皇帝幼年丧母，由祖母孝庄太后抚养长大，祖孙二人感情很深厚。有一次孝庄太后得了重病，康熙心里着急，连续几天吃不好睡不好。一天，康熙皇帝在冥思苦想中迷迷糊糊地睡着了。睡梦中，他突发灵感，醒来后便沐浴斋戒三日，然后在乾清宫泼墨挥毫，一口气写出这个"福"字。当时正赶上孝庄皇太后60岁寿辰，康熙将这个"福"字献给了祖母。说来神奇，孝庄太后得此"福"后，身体日见好转，最终完全康复。15年后，其以75岁高龄得以善终。

由此，康熙认为这个"福"字很灵验，所以召集能工巧匠，命将这个"福"字刻在一块大青石上，安置在宫中，供奉为宝。而在民间，该"福"字可谓家喻户晓，它的灵验也被传为佳话，传说只要得此"福"字，便能受神灵庇护，心想事成，平步青云。所以这个"福"字被誉为"天下第一福"。乾隆继位后，将"天下第一福"赐给了宠臣和珅，和珅命人运来几千块太湖石，在自己的府邸堆砌了一个龙形的假山，然后将"天下第一福"藏在龙穴中细心供奉。

中华人民共和国成立后，政府修缮了"福"字碑，周恩来总理还亲授"中华第一福"称号，把它作为"中华三绝"文物之一。海内外游客纷纷慕名前来求福，将拓印品带回去孝敬长辈，甚至有些外国元首，也前来瞻仰"天下第一福"。

那么，康熙皇帝化孝心于笔锋的"天下第一福"，到底是怎么写的呢？

天下第一福

"福"字碑

第一，我们常见的"福"字饱满方正，此"福"反而狭长，形瘦，音谐"寿"，故而被民间称为"长瘦（寿）福"。第二，民间习俗讲究福寿双全，但由于"福""寿"二字的字形差别太大，几乎没有人能够将两字合写成为一字，而"天下第一福"却成功地做到了这一点，字右半部，采用王羲之《兰亭序》中"寿"字的写法，所以，此福成为"福""寿"完美融合的典范，民间称之为"福中有寿，福寿双全"。第三，该"福"字左部酷似"才"字，隐含"子"字，右部似王羲之书法中的"寿"字，右上部似"多"字，右下部又似"田"字，左上角的一点暗示"多一点"，寓意"多子、多才（财）、多田、多寿"，可谓五福合一，古往今来，独一无二。第四，右下方的"田"字未封口，可理解为无边之福，寓意洪福无边。

"天下第一福"既灵验又如此巧思，因此流传广泛。有趣的是，虽然民间有倒挂"福"字的习俗，但"天下第一福"被加了皇帝印玺之后，不可倒挂，这个字也成为唯一流传民间却不被倒挂的"福"字。

惜福编

第一章　惜丰衣足食福

第一节　敬畏衣食

惜丰衣足食福首先要敬畏衣食。在衣食住行几件人生大事中，衣食排在前列，是人类最本能的需求，丰衣足食也成为"福"最现实的组成部分。先秦典籍《管子》中就已经提出"仓廪实则知礼节，衣食足则知荣辱"，"仓廪""衣食"代表的是人类物质层面的需求。多数情况下，只有满足了物质层面的需求，才能追求更高的精神层面的满足，人们才会守礼节、知荣辱，国家才能文明发达。

《太平广记》记载了两则古人珍惜粮食的故事。李勣是唐代开疆拓土、威震四方的名将。他任宰相后，有位同乡来拜访他，李勣设宴款待。餐食中有饼，因为饼的边缘比较厚，而中间比较酥软，所以这位同乡在吃饼的时候就把饼边掰掉再吃。李勣看到后责备他说："犁地两遍、下种莳弄、收割打场、用磨来磨、用罗来罗，最后生产出面粉，面粉才能做成饼。你这样掰掉饼边，是什么道理？你在我这里这样用餐还不打紧，如果在皇帝面前，就要砍你的头了。"说得这位同乡无地自容。北周时期有位官员叫王罴，有位客人与他一同用餐时将饼边掰掉不吃。王罴说："制作这张饼费了多少力气，才能吃到嘴里。你把饼边掰掉，说明你还是

不够饿，你给我捡起来！"还有一次，王罴同客人一起吃瓜，客人在切瓜的时候将瓜皮削得很厚，扔到了地上。王罴看到后就把地上的瓜皮捡起来吃掉了，客人顿时面有愧色。

北宋宰相王安石也有一则珍惜粮食的故事。一次，他儿媳妇家的亲戚萧氏子到京城拜访王安石，王安石邀请他一同吃饭。第二天，萧氏子盛装赴约，以为王安石必然会盛情款待他。结果过了晌午，王安石才请客人入座。喝了几杯酒之后，才端上来两块胡饼，又上了四份肉块，另外还有一碗菜羹。萧氏子平时非常骄纵，吃不惯这些粗茶淡饭，于是只吃了胡饼中间的部分，把饼边都掰了下来。王安石看见后将萧氏子吃剩下的饼边拿过来自己吃了，萧氏子羞愧难当，便匆匆告辞了。

是什么让这些身份尊贵的历史人物都如此珍惜粮食？因为粮食来之不易。翻开中国史书，有关饥荒的记载不可胜数。《诗经》哀叹："何辜今之人！天降丧乱，饥馑荐臻。"《资治通鉴》记载，汉献帝时，全国出现了蝗灾，粮价飞涨，百姓大饥，甚至出现了人食人的惨剧。唐代诗人白居易描述百姓饥饿不堪，写道："壮者不耐饥，饥火烧其肠。"北宋靖康之乱时，汴京大饥，米价高涨，一条老鼠都可以卖到数百钱，百姓开始吃水藻、椿槐叶。明代嘉靖、万历年间，经常爆发饥荒，"父子相食，道殣相望，臭弥千里"……

可以说，有记载的人类历史，也是一部同饥饿作斗争的历史。古代生产力低，粮食产量不高，加上自然灾害、战争等天灾人祸频仍，大部分人口都处在温饱线的边缘，始终没有完全摆脱饥饿的困境。即使到了人类文明极大发展的今天，粮食产量大幅度提高，但是全世界每年仍有大量人口因为饥饿贫困而死亡。据联合国发布的《2021年可持续发展目标报告》，2020年全球陷入贫困的人口数量增加1.2亿左右，饥饿人口数量可能增加8300万到1.32亿，总数将达到8亿人左右。

具体到我国，摆脱贫困、丰衣足食是中国人民千百年来的美好梦想。改革开放40多年来，我国粮食生产取得了举世瞩目的成就，实现了从

"吃不饱"到"吃得饱"再到"吃得好""吃得健康"的历史性转变。粮食生产持续稳定迈上新台阶，用占世界9%左右的耕地养活了世界近20%的人口，不仅稳定解决了十几亿人的温饱问题，也为全球减贫事业做出了重大贡献。这个过程，既离不开一代代人的勤劳耕作，也离不开无数科研工作者的忘我工作。例如被誉为"杂交水稻之父"的袁隆平，他一生致力于杂交水稻技术的研究、应用与推广，创建了超级杂交稻技术体系，为我国粮食安全、农业科学发展和世界粮食供给做出杰出贡献，使我国杂交水稻研究始终居于世界领先水平。

粮食安全是"国之大者"，解决好吃饭问题始终是治国理政的头等大事，是人民幸福生活的最基本保障。党的十八大以来，以习近平同志为核心的党中央高度重视粮食安全，提出"确保谷物基本自给、口粮绝对安全"新粮食安全观。

袁隆平团队研发的杂交水稻双季亩产刷新纪录

2022年3月6日，习近平总书记看望参加全国政协十三届五次会议的农业界、社会福利和社会保障界委员并发表讲话指出，"在粮食安全这个问题上不能有丝毫麻痹大意，不能认为进入工业化，吃饭问题就可有可无，也不要指望依靠国际市场来解决。要未雨绸缪，始终绷紧粮食安全这根弦，始终坚持以我为主、立足国内、确保产能、适度进口、科技支撑"。

"一粥一饭，当思来处不易；半丝半缕，恒念物力维艰。"人类丰衣足食的历史还很短暂，且来之不易。生活中每天吃饱穿暖，吃得好吃得健康，穿得得体舒服，穿得美丽有气质，这不易察觉的、看似平常的幸福，是经过漫长的历史，经过无数人的努力才换来的，我们不能忽略它，要认真守护它。

第二节 躬行节俭

中国人向来崇尚勤与俭。"勤能补拙，俭以养廉。""克勤于邦，克俭于家。"无论是对于国家还是个人，厉行勤劳节俭，都是美德。古代很多大家族都曾将勤俭作为家训教育后人，如"处世以忠厚人为法，传家得勤俭意便佳"；如"无论大家小家，士农工商，勤苦俭约未有不兴，骄奢倦怠未有不败"；如"切不可贪爱奢华，不可惯习懒惰"；如"总以勤俭二字自惕"。任何时候，这些家训蕴含的朴素道理都深深被国人认同。

尤其这一个"俭"字，直接关涉惜福。《管子》云："故适身行义，俭约恭敬，其唯无福，祸亦不来矣。骄傲侈泰，离度绝理，其唯无祸，福亦不至矣。"管子主张"俭约恭敬"，勤俭节约，恭敬有礼，福气会不请自来，祸端也会不翼而飞。相反，如果"骄傲侈泰"，奢侈无度，骄奢淫逸，那么祸端也会找上门来。《魏书·李彪传》在提到如何使生活幸福时，提出"尚俭者开福之源，好奢者起贫之兆"，认为节俭是幸福的源头，而奢侈是贫困的预兆。

崇尚节俭，是一种美好的品德，可以养成勤俭朴素的良好习惯。宋代欧阳修在《斫雕为朴赋》中说："德以俭而为本。"记载明代廉吏薛瑄言行的《薛文清公从政录》中说："节俭朴素，人之美德；奢侈华丽，人之大恶。"这些名言都在强调人的一切品德以节俭为根本。所谓"居丰行俭，在富能贫"，安贫乐道难能可贵，更可贵的是处于衣食丰足时也能厉行节俭。

春秋时期鲁国贵族季文子，虽出身名门望族，却生活俭朴，以节俭为立身的根本。《史记·鲁世家》记载：季文子当政时，"家无衣帛之妾，厩无食粟之马，府无金玉"。他不准妻妾穿丝绸衣服，也不用粮食喂马，家中也没有金玉的装饰。孟献子的儿子仲孙得知他的作为后，嘲讽他吝啬小气，认为季文子的做法有损于鲁国的颜面。季文子听后回答道："我也愿意身穿绫罗绸缎，骑着高头良马，把家里布置得豪华典雅，可是看到我们国家的老百姓还有很多吃粗粮穿破衣，甚至还有人正在受冻挨饿，而我却讲究衣食，妆扮妻妾，精养马匹，我怎么过意得去？况且，一个国家的强大与荣誉，只能通过百姓的道德高洁、品行优秀来彰显，而不是炫耀官员拥有多少美艳的妻妾和良骥骏马。"孟献子听闻此事，将仲孙幽禁起来，勒令其思过。此后，仲孙也痛改前非，效仿季文子，过上了俭朴的生活。

崇尚节俭，是一种善政，可以培养廉洁的作风和风气。唐代官员陆贽曾说："用之盈虚，在节与不节耳。不节，则虽盈必竭；能节，则虽虚必盈。"奢靡享受，即使财物再多也必定有用尽的时候；节俭省约，即使财物再少也必定会充实丰盈。

古代许多帝王都提倡节俭，反对奢侈。汉文帝刘恒是一位非常节俭的皇帝。他曾亲自耕田，将种出来的粮食用来祭祀，皇后也亲自制作祭服。他的妃子慎夫人，衣着朴素，帷帐没有刺绣等装饰。有次大臣们建议他修建一座露台，汉文帝召集工匠计算了一下，需要花费百金。他说百金是十户中等人家的家产，自己住在先帝的宫室中，都觉得有愧，怎么还能再花那么多钱修建新露台呢？于是取消了营建计划。宋太祖赵匡胤简朴律己，有一次，他的女儿永庆公主入宫觐见父亲，穿着一件新外套，上面装饰着翠鸟的羽毛，宋太祖看到后说："以后不要再用如此装饰。"见公主不以为意，宋太祖说："你作为公主穿着如此，那些嫔妃、贵胄必将效仿。一旦京城翠羽价高，那么老百姓逐利，必然会大肆捕捉贩卖，杀生害命。你出身富贵，应该惜福，怎么可以开此恶业之端呢？"公主还曾与皇后说："父亲贵为天子，怎么不用黄金装饰肩舆呢？"宋太祖听到后，说道："我拥有四海，即便是用黄金来装饰宫殿，也可以办到。但我是为天下人守财，怎么可以肆意妄为，贪图享受呢？古人说，

以一人治天下，而不是以天下奉一人。如果以天下财物供我一人享乐，那怎么去取信于民，令百姓拥戴呢？"

当然，我们提倡节俭，指的是节俭有度，"俭虽美德，然太俭则悭"，提倡节俭不等同于吝啬。颜之推在《颜氏家训》中提出了"俭者，省约为礼之谓也；吝者，穷急不恤之谓也。今有施则奢，俭则吝；如能施而不奢，俭而不吝，可矣"的原则。翻译过来是说：所谓节俭，就是简省节约讲求礼义；所谓吝啬，就是对贫穷急需救济的人不施以援手。现在有人施与过分奢侈，或者过分吝啬，都是不对的；如果能做到施与而不奢侈，节俭而不吝啬，就合理了。

古人讲勤俭，现代社会更要讲勤俭。党的十八大以来，习近平总书记高度重视厉行勤俭节约，反对铺张浪费，大力弘扬中华民族勤俭节约的优秀传统，大力宣传节约光荣、浪费可耻的思想观念。2019年3月5日，习近平总书记在参加十三届全国人大二次会议内蒙古代表团审议时指出："不论我们国家发展到什么水平，不论人民生活改善到什么地步，艰苦奋斗、勤俭节约的思想永远不能丢。"2020年9月22日，在教育文化卫生体育领域专家代表座谈会上的讲话中，习近平总书记强调："要提倡艰苦奋斗、勤俭节约，坚决反对铺张浪费，在全社会营造浪费可耻、节约光荣的浓厚氛围。"

在新时代，人民的生活水平显著提高，但是"勤俭节约"这个传家宝我们不能丢，要继续保持艰苦奋斗的精神。结合时代发展，我们尤其要节约用水、节约粮食、倡导文明健康的生活风尚。

节约用水。据统计，中国淡水资源总量为2.8万亿立方米，占全球水资源的6%，居世界第六位，但人均只有2200立方米，仅为世界平均水平的1/4，是全球人均水资源贫乏的国家之一，属于缺水严重的国家。2019年9月18日，习近平总书记在黄河流域生态保护和高质量发展座谈会上的讲话中强调："要坚持以水定城、以水定地、以水定人、以水定产，把水资源作为最大的刚性约束，合理规划人口、城市和产业发展，坚决抑制不合理用水需求，大力发展节水产业和技术，大力推进农业节水，实施全社会节水行动，推动用水方式由粗放向节约集约转变。"节约用水，绝不能成为一句口号，每个公民都应该了解节水知识和节水技术，培养节水意识，并积极践行。

节约粮食。2020年8月，习近平总书记对制止餐饮浪费行为作出重要指示，指出餐饮浪费现象，触目惊心、令人痛心，要加强立法，强化监管，采取有效措施，建立长效机制，坚决制止餐饮浪费行为。要进一步加强宣传教育，切实培养节约习惯，在全社会营造浪费可耻、节约为荣的氛围。为防止食品浪费，保障国家粮食安全，弘扬中华民族传统美德，践行社会主义核心价值观，节约资源，保护环境，促进经济社会可持续发展，2021年4月29日，第十三届全国人民代表大会常务委员会第二十八次会议通过《中华人民共和国反食品浪费法》，大力推进粮食节约和反食品浪费工作。我们必须绷紧节约粮食这根弦，努力维护我国粮食安全。

倡导文明健康的生活风尚。习近平总书记多次强调，要增强节约意识、环保意识、生态意识，倡导简约适度、绿色低碳的生活方式，把建设美丽中国转化为我们个人的自觉行动。2019年4月28日，习近平主席在2019年中国北京世界园艺博览会开幕式上的讲话中指出："'取之有度，用之有节'，是生态文明的真谛。我们要倡导简约适度、绿色低碳的生活方式，拒绝奢华和浪费，形成文明健康的生活风尚。要倡导环保意识、生态意识，构建全社会共同参与的环境治理体系，让生态环保思想成为社会生活中的主流文化。要倡导尊重自然、爱护自然的绿色价值观念，让天蓝地绿水清深入人心，形成深刻的人文情怀。"建设天更蓝、山更绿、水更清的生态环境，是中国人的共同梦想，也是我们赖以生存和发展的重要基础，需要我们行动起来。在日常生活中，我们要时刻谨记勤俭节约的良好习惯，建立健康、合理、文明的消费观，齐心协力，共同建设我们绿色环保的美丽家园。

一滴水的产生，要历经大自然层层转化；一粒粮食的诞生，饱含了农民辛勤的汗水；一个国家的伟大成就，是无数人辛苦奋斗的结果。今天，小康社会已然全面建成，我国摆脱了绝对贫困，为世界范围内消除贫困，实现和平发展做出了历史性贡献。面对辉煌的成就，我们更应该珍惜今天获得的一切。丰衣足食，是一个人乃至一个国家发展的物质基础，这份福气一定要倍加珍惜。

第二章　惜平安健康福

第一节　安常处顺，心平气和

"布衣得暖真为福，千金平安即是春。"吃穿不愁、事业如意、家庭和谐，物质生活得到极大满足之后，若是突遭横祸、罹患疾病，也就谈不上幸福了。没有平安健康就没有一切，因此，对福的追求必然包含平安健康。人们日常提及的"平安无事""健康是福""安宁是福"都是惜平安健康福的真实写照。

平安健康包含平安、健康两个层次。平安是一种生活状态，"马上相逢无纸笔，凭君传语报平安"，是思乡游子对家人和朋友的慰藉。平安也是一种心理状态，"人无智愚，莫不有趋舍；恬淡平安，莫不知祸福之所由来"，保持淡泊寡欲、平静安定才能知晓祸福。健康，是指拥有健全的身心。世界卫生组织指出，健康"是一种在身体上、精神上的完美状态，以及良好的适应力，而不仅仅是没有疾病和不衰弱的状态"。健康包括生理和心理两个方面，两者相辅相成，只有拥有健康的身心，才能更好地积极向上地面对人生各种机遇与挑战。

古人对于平安健康十分看重。前面提到的箕子五福，寿、富、康宁、攸好德、考终命，即长寿、富贵、康宁、德望、善终，其中"寿"和

"康宁"指的就是平安健康。另外，人们也根据自己的生活体验，表达出对平安健康的重视，比如"无病赛过活神仙"，"福如东海，寿比南山"，"无病之身，不知其乐也，病生始知无病之乐；无事之家，不知其福也，事至始知无事之福"。由此可见，无论是经典古籍，还是民间俗语，都告诉我们，保持平安健康，是莫大的幸福。

如何珍惜平安健康之福呢？首先要有良好的生活起居饮食习惯，以及形成好的心态。

惜平安健康之福，要做到应时起居，合理饮食。宋代何坦在《西畴老人常言》中谈道："人惟起居饮食日顺其常，福莫大焉。"他认为，起居饮食顺时如常就是最大的幸福。保持内心愉悦也同样重要。唐代诗人白居易有诗云："形适外无恙，心恬内无忧。"诗中描写的身体舒适、心情恬静，就是幸福的完美状态。明末清初文学家申涵光在《荆园小语》里也讲道："人能清心寡欲，无暴怒，无过思，自然血气平和，祛疾多寿。"

惜平安健康之福，要做到宽宏大量，心胸宽广。生活不会一帆风顺，我们总会遇到不顺心顺意的人或事，这时就需要敞开心胸，用乐观的态度来面对困难和挫折。所谓心宽体胖，讲的正是这个道理。相反，如果心胸狭隘、过度思虑，就会有损身心健康。《三国演义》中"三气周瑜"的故事就是一个典型案例。周瑜自命不凡，眼见诸葛亮才能高于自己，他没有抱持着"英雄惜英雄"的心理，取长补短，反而嫉贤妒能，因妒生恨。诸葛亮针对他

饮水思源，珍惜来之不易的幸福生活

的缺点加以利用，最终将周瑜气得旧伤复发，不治而亡。人们有时会引用"既生瑜，何生亮"的典故感叹生不逢时，时运不济，但这个典故同

时也在告诫人们心胸宽广的重要意义。"往好处看，往大处想"，以海纳百川的心态看待世界，珍惜自己所拥有的一切。

惜平安健康之福，要做到待人宽厚，与人为善。人是社会性动物，很难离开社会而独立生存，人际关系处理得是否恰当，会直接影响人们的生活质量。西汉贾谊讲过这样一则"以德报怨"的故事，说战国时期梁国有位叫宋就的官员，在与楚国接壤的地方担任县令。当时两国人都种瓜，梁人非常勤快，按时给瓜田浇水，因此种出的瓜又大又甜。而相邻的楚人不够勤快，所以种出的瓜品质很差。楚人嫉妒梁人，竟然在夜里偷偷去梁人的瓜田里搞破坏。梁人知道后，吵嚷着要报复他们。宋就跟他们说："这是要结仇的事情，不能做。人家做坏事，你也跟着做，太狭隘了！"宋就想了一个办法，命令梁人在夜里悄悄地给楚人的瓜地浇水，没多久，楚人的瓜也长得越来越好。楚人感到很奇怪，等他们得知真相后，十分感动，对梁人以德报怨的行为深感佩服。楚国国君听说了此事，重重地酬谢了梁国，两国的交情也日趋融洽。

宋代时，曹州有位叫于令仪的商人，待人宽厚仁爱，晚年家中积累了不少财富。某天晚上，他的儿子们抓住了到他家里行窃的小偷。于令仪惊奇地发现那小偷竟然是邻居的儿子，便问道："你一向本分，怎么会干出盗窃之事？"邻居的儿子很惭愧，告诉于令仪因为贫困才铤而走险。于令仪给了邻居的儿子十千钱，又担心他夜里携带这么多钱被人盘问，就留他在家里过夜。事后，邻居的儿子痛改前非，以于令仪为榜样，立志做一个善良之人。于令仪完全可以将小偷交给官府治罪，但他不仅宽恕了对方，还处处为对方着想，将一个踏上邪路的青年人拉回了正途。"冤冤相报何时了""退一步，海阔天空"，无数事例表明：待人宽厚，于他人有利，于自身亦有好处，亲仁善邻，讲信修睦，不正是最大的福气嘛！

惜平安健康之福，要做到心情平和，光明磊落。清代书画家、文学家郑板桥不仅留下了《吃亏是福》的书法名作，还写过一篇《吃亏是福》的文章："满者，损之机；亏者，盈之渐。损于己则益于彼，外得人情之

平，内得我心之安，既平且安，福即在是矣。"人之所得一旦达到丰盈充足，那么就开始走向耗损；而人之所得欠缺不足，就会渐渐充裕。所谓"有失必有得"，如果自身耗损但是有益于别人，那么也可以获得人情平衡与内心安定，对外平衡，对内心安，这也是一个人真正的福气。宋代诗人陆游有诗云："得福常廉祸自轻，坦然无愧亦无惊。平生秘诀今相付，只向君心可处行。"他的原意是告诉为官从政者只有常葆清廉，才能得福避祸、心境坦然、无愧无惊。其实，陆游的"秘诀"对于任何人来说都是适用的。"只向君心可处行"，简单说就是立身行事要本着自己的良心，"仰不愧于天，俯不怍于人"，唯有如此，才能做到光明磊落，达到身心和谐。

人的一生必然要经历不少坎坷，承受痛苦和折磨，对个人的心态造成许多负面影响，如果这种心理状态持续太久而得不到有效的纾解，就会影响心理健康，身体状况也随之受到影响。无数案例提醒人们要学会调适内心，保持心情的平静与舒适，达到身心的和谐与一致。

第二节　未雨绸缪，防患于未然

惜平安健康之福，还要做到未雨绸缪，防患于未然。首先，惜平安健康之福，要对身体状况保持警惕，不能讳疾忌医。在日常生活中，如果感觉到身体微恙，应保持足够的警惕，必要时要及时就医。

《战国策》里有一则著名的故事，名医扁鹊拜见蔡桓公，他在旁边伫立观察了一会儿，对蔡桓公说："您生病了，现在病还在皮肤里，若不赶快医治，病情将会加重！"蔡桓公听后说："我没有病。"等扁鹊走了以后，蔡桓公对人说："医生就喜欢通过医治那些没有病的人，来彰显自己的本事。"过了十天，扁鹊又去见蔡桓公，说："您的病已经深入到肌肉里，如果不医治，病情还会加重。"蔡桓公依然不理睬他。扁鹊走了以后，蔡桓公更加不高兴。再过了十天，扁鹊又去见蔡桓公，说："您的病已经深入到肠胃里了，再不从速医治，就会更加严重。"蔡桓公仍旧不理睬他。又过了十天，扁鹊去见蔡桓公，望了一眼转身就走。蔡桓公觉得很奇怪，于是派人去问扁鹊缘由。扁鹊对来者说："如果病在皮腠里，热敷一下就可医治；如果在肌肉里，使用针灸就可医治；如果在肠胃里，使用汤药就可医治。但是如果深入骨髓，那么我也没有办法了。"五天以后，蔡桓公觉得浑身疼痛，赶忙派人去请扁鹊，可是扁鹊这时已经逃到了秦国。过了不久蔡桓公就死掉了。这则故事告诫我们，在疾病刚开始的时候，要认真对待，切勿讳疾忌医，延误病情，以致威胁到生命健康。

其次，惜平安健康之福，要做到未雨绸缪，防患于未然。"福生有基，祸生有胎"，一切福祸之始都有苗头，我们要及时警惕危险来临之前的种种信号，才可以有效避免灾祸的发生。孟子说："莫非命也，顺受其正，是故知命者不立乎岩墙之下。尽其道而死者，正命也；桎梏死者，非正命也。"所谓"君子不立于危墙之下"，讲的就是君子要远离危险的地方，防患于未然，并且要预先觉察潜在的危险，并采取防范措施。

今天我们说"千里之堤，溃于蚁穴"，意思是再小的隐患都能引起巨大的灾难。在航空飞行安全领域，有一条著名的"海恩法则"：每一起严重的事故背后，都有29起轻微事故，300起未遂先兆，以及1000起事故隐患。"天灾不可逆，人祸本可防"，任何可能的事故或者灾难，只要未雨绸缪、防微杜渐，都能有效地预防和避免。

通过以上分析，我们了解到，身体上想要健康，就要养成好习惯，勤于锻炼和检查，不能讳疾忌医。生活和事业上要想顺利、稳固，就要敏锐察觉、未雨绸缪、防患于未然。正如先秦典籍《鬼谷子》所讲："事之危也，圣人知之，独保其用；因化说事，通达计谋，以识细微。经起秋毫之末，挥之于太山之本。"

第三章　惜和谐友睦福

第一节　人际和谐

中国文化非常重视"和"的观念，时刻强调"和谐友睦"的价值。习近平总书记在中国国际友好大会暨中国人民对外友好协会成立60周年纪念活动上的重要讲话中指出："中华文化崇尚和谐，中国'和'文化源远流长，蕴涵着天人合一的宇宙观、协和万邦的国际观、和而不同的社会观、人心和善的道德观。""和"文化，是中华优秀传统文化的重要组成部分，"和"的思想观念源远流长，贯穿于我国几千年来的历史进程，饱含着古人的处世智慧与哲学理念，同时也蕴含于社会发展如经济、政治、文化、外交等方方面面的施政理念之中。《周易》云："乾道变化，各正性命，保合太和，乃利贞。"《中庸》称："中也者，天下之大本也；和也者，天下之达道也。"西周末年，史伯提出"和实生物，同则不继"，强调"和"的重要性；西汉思想家董仲舒认为"和者，天地之正也，阴阳之平也……和者，天之功也。举天地之道而美于和，是故物生皆贵气而迎养之"，将"和"作为万物理想的状态。《周易》提出的"太和"，《中庸》提出的"中和"的理想境界，具体表现就是自我和谐、人与人和谐、人与社会和谐、人与自然和谐等几个维度。在满足了衣食丰沛、身心健康的要求之后，追求精神层面的和谐成为人更高程度的需求。家庭和睦，邻里和谐，可以减少生活中的后顾之忧。个人与社会和谐，处理好个人与社会的关系，个人才能长久发展，社会才会有序运行。人与自然和谐共生，人类才能持续发展，国家亦可长治久安。

惜和谐友睦福，首先就是要人际和谐。对于大多数人来说，人际交往是一种幸福的源泉。处理好同他人的关系，生活在和谐融洽的人际关系中，人们才会有安全感、归属感、成就感，才会增强合作意识和责任意识。这也是幸福的重要表现。

人际和谐，就是要宽以待人，与人为善。"以和为贵""己所不欲，勿施于人"等理念在中国世代相传，深深根植于中国人的精神之内，也体现在中国人的行为举止之中。"积爱成福，积怨成祸"，提醒我们为人处世，应当多一些仁爱之心，少一些怨怼之气。"积善有余庆，荣枯立可须"，积累善良就会有多出来的福气，积善才是最实在的。"爱出者爱返，福往者福来"，能够献爱心、施福德的人，往往也会受到别人的帮助和恩惠。"待人宽一分是福，利人实利己的根基"，待人宽厚实际上是一种惜福的表现，善待他人，其实也是善待自己。

俗话说"邻舍好，无价宝"，邻里关系融洽，人们才可以生活在一个健康有序的环境中，邻里之间还可以互相帮助，互相关照。反之，如果邻里关系恶化，不仅会影响正常的生活起居，还会败坏社会风气，造成严重的社会影响。如果邻里之间出现矛盾，首先，要设身处地地为他人着想，适时地谦让，而不是一味地从个人的需求出发，强硬地去要求别人适应自己。其次，对待邻居要宽容大度，人们生活在社会之中，矛盾时有发生，不能因一点摩擦就记恨在心，伺机报复。再次，邻里之间要互相尊重，互相谅解，个人生活要严于律己，遵纪守法，不做扰乱邻居正常生活秩序的事。

汉代有个"罗威饲犊"的故事可资借鉴。罗威是个勤快的农夫，以种田为生。有一段时间，邻居家的小牛犊经常啃食他家的庄稼，他多次

找邻居交涉，但对方根本不放在心上。罗威并没有生气，他思考一番，认为还是要从小牛犊身上解决问题。小牛犊之所以老啃食庄稼，是因为它总是吃不饱。于是，每天天不亮罗威就去割一些青草，然后悄悄地放在邻居家的牛圈前。小牛犊吃饱了，就不再去吃庄稼了。邻居发现这个情况后，非常纳闷，后来知道是罗威所为，深感愧疚，从此对小牛犊严加看管，还登门向罗威致歉。"罗威饲犊"的故事流传久远，成为邻里和谐的一段佳话。礼让，是中华民族的传统美德，"远亲不如近邻"，邻里之间应尽量做到谦让和宽容，多一些和谐，少一点纷争。

第二节　天人和谐

惜和谐友睦之福，还要求天人和谐，实现人与自然的和谐共生。2020年9月30日，习近平总书记在联合国生物多样性峰会上讲话时谈道："要尊重自然、顺应自然、保护自然，探索人与自然和谐共生之路，促进经济发展与生态保护协调统一。"生态环境是我们赖以生存的基础，保护环境就是保护我们自己。

在中国古代，就有许多尊重自然、保护自然的经典言论。《论语》记载了孔子的一段感慨："天何言哉？四时行焉，百物生焉。天何言哉！"意思就是，四季运行，百物生长，天说些什么呢？这是大自然的自然规律、自然法则。该书又记载说"子钓而不纲，弋不射宿"，意思是孔子用鱼竿钓鱼而不是使用渔网捕鱼；用弋射的方式捕获猎物，但是从来不去射取那些休息的鸟兽。《孟子》记载："不违农时，谷不可胜食也。数罟不入洿池，鱼鳖不可胜食也。斧斤以时入山林，材木不可胜用也。"粮食、鱼鳖、山林等自然资源，都不是穷无尽的，要有节制地去开发利用，做到取之有度、用之有节，才能实现自然资源的循环利用和有序发展。《管子》提到，"为人君而不能谨守其山林菹泽草莱，不可以立为天下王"，还进一步强调四时应遵循自然规律，不损害自然环境，"春无杀伐，无割大陵，倮大衍，伐大木，斩大山，行大火……夏无遏水达名川，塞大谷，动土功，射鸟兽。秋毋赦过、释罪、缓刑。冬无赋爵赏禄，伤伐五谷"。《荀子》也指出："草木荣华滋硕之时，则斧斤不入山林，不夭其生，不绝其长也；鼋鼍、鱼鳖、鳅鳝孕别之时，罔罟毒药不入泽，不夭其生，不绝其长也；春耕、夏耘、秋收、冬藏，四者不失时，故五谷不绝而百姓有余食也；洿池、渊沼、川泽谨其时禁，故鱼鳖优多而百姓有余用也；斩伐养长不失其时，故山林不童，而百姓有余材也。"以上这些都是先秦诸子对如何尊重自然、顺应自然、保护生态环境的经典阐释，强调人是大自然的一部分，应遵循自然法则，与自然融为一体，适度开采，保护好自然资源才能实现可持续发展。

除了爱护环境、保护自然资源，古人也充分发挥聪明才智，有效利用自然优势，改造自然环境。秦国能在战国诸雄中脱颖而出，离不开大型水利工程的修建，都江堰、郑国渠和灵渠合称为秦国三大水利工程。秦昭王时期，蜀郡太守李冰总结了前人治水的经验，带领当地百姓巧妙利用当地西北高、东南低的地理优势，修建了闻名于世的都江堰，是中国最古老的水利工程之一，具备了无坝引水、自流灌溉的功能。都江堰已经有 2000 余年的历史，至今仍发挥着无可替代的巨大作用，是古人在不破坏自然环境，充分利用自然资源的前提下改造自然的杰出工程。

治理水患是历代统治者关注的大事，而水患之中，"黄患最重"。如何保护黄河、治理黄河，是古代君主们长期关注的重要问题，也形成了具体的治理方式与治理理念。在传说中的尧舜时代，"汤汤洪水方割，荡荡怀山襄陵，浩浩滔天"，面对洪水泛滥给人民带来的困扰和破坏，大禹因地制宜，"疏九河，瀹济、漯，而注诸海，决汝、汉，排淮、泗，而注之江，然后中国可得而食也"，最终"九川既疏，九泽既洒，诸夏艾安，功施于三代"。在治理黄河的历史上，不得不提西汉贾让提出的"治河三

策"，上策为"徙冀州之民当水冲者，决黎阳遮害亭，放河使北入海。河西薄太山，东薄金堤，势不能远泛滥，期月自定"，中策是"多穿漕渠于冀州地，使民得以溉田，分杀水怒"，下策为"缮完故堤，增卑倍薄"，上策主张人工滞洪改河，中策建议穿渠分流，下策则为加固堤防。贾让的对策对后世河道治理产生了积极影响，王夫之曾高度评价，"治河之策，贾让为千古之龟鉴"。除此之外，宋人李纲在《论都城积水第二疏》中还提出了治水"六事"，即"一曰治其源，二曰弱其势，三曰固河防，四曰恤民隐，五曰省烦费，六曰广储蓄"，展现了古人固本溯源、因势利导、体恤民情的生态保护理念。以上这些治理方法与治理理念是古人留下的敬重生命、爱护环境、珍视自然资源的宝贵文化遗产，是中国传统文化的重要组成部分。

在新时代，生态环境修复和改善成为更为重要的课题。福建省龙岩市长汀县曾是我国南方水土流失最严重的区域之一。"晴三天，闹旱灾；雨三天，闹洪灾。"严重的水土流失，导致长汀的生态环境极为恶劣。在长期的水土流失治理中，长汀人民探索出一条生态富民的道路，如今一座座"火焰山"已经变成了"花果山"。正是本着"造福"的理念，长汀把营造良好生态环境作为最普惠的民生福祉，谋求人与自然的和谐共生。

第三节　和而不同

惜和谐友睦之福，还要遵循"和而不同"的原则。孔子提出"君子和而不同，小人同而不和"。"和而不同"，就是与他人和睦相处，但不随便附和、盲目苟同，不追求完全的一致。这一原则对后世影响深远，南朝史学家范晔认为君子的品德就是"周而不比，和而不同，以救过为正，以匡恶为忠"。此外，在处理君臣关系时，这一原则同样适用，唐代马总在他编纂的著作《意林》中指出"君臣亲而有礼，百官和而不同，此治国之风也"。无论是国家大事，还是个人修养，"和而不同"思想都应被切实遵循。

中国"和"文化的精神实质就是讲求包容，鼓励交流。有容乃大、和而不同是中华文明的特质。中国传统文化中蕴含着包容不同文化、鼓励不同文明对话的精神，核心理念是以"和而不同"的原则来处理人与自然、人与人、国与国之间的关系。中国古人强调"己所不欲，勿施于人"，体现了和平共处的文化传统，"贵和尚中""有容乃大"，表现了人际的包容和谐，"邻望邻好""协和万邦"，则呈现出国家之间睦邻友好的精神追求。1990年，费孝通先生在其八十寿宴之时，提出了"各美其美，美人之美，美美与共，天下大同"十六字箴言。意思是说，各个民族都有自己的优秀文化传统，同时也要学习其他民族的优秀文化，互相包容、互相学习，那么天下就是一个多彩的世界、大同的世界。这十六字箴言体现了中华优秀传统文化的历史价值，同时告诉我们，不同文化之间要坚持"和而不同"的原则，既要认同本民族文化，又要尊重其他民族文化。

中华民族自古以来就有人类命运共同体的意识，以及四海一家的情怀。习近平总书记在纪念孔子诞辰2565周年国际学术研讨会暨国际儒学联合会第五届会员大会开幕会上的讲话中指出："中国人自古就推崇'协和万邦'、'亲仁善邻，国之宝也'、'四海之内皆兄弟也'、'远亲不如近邻'、'亲望亲好，邻望邻好'、'国虽大，好战必亡'等和平思想。"在处理国际关系上，中华文明历来崇尚"以和邦国""和而不同""以和为贵"，认为"四海之内若一家，故近者不隐其能，远者不疾其劳，无幽闲隐僻之国，莫不趋使而安乐之"。在"和而不同"的思想下，不同地区、不同民族、不同信仰、不同阶层之间的思想文化交流互鉴、交相渗透，是和谐友睦之福的重要组成部分。

第四章 惜祖国富强福

第一节 维护祖国统一与民族团结

个人幸福与国家命运紧密相连，像歌曲《国家》里唱的那样，"家是最小国，国是千万家"。在中国人的传统观念里，国家就是家庭的扩展和延伸，有了国家的安宁富强，才有家庭的安宁富足；有了家庭的安宁富足，才有个人的安宁幸福。个人的幸福永远离不开国家安定富强的大前提，这是中国人自古就有的民族意识。

一个人衣食无忧、身体健康、家庭和睦、事业顺利，前提都是建立在一个稳定的社会环境之上，这个前提一旦改变，比如国家遭遇战乱，前面所说的一切都会化为乌有。正因为如此，林则徐在《赴戍登程口占示家人》中说出那句千古名言"苟利国家生死以，岂因祸福避趋之"。国家富强是生活幸福的保障，是增进人民福祉的根基。

惜祖国富强之福，首先要坚决维护祖国统一和民族团结。"天下兴亡，匹夫有责"，古往今来，我国历朝历代涌现出许多仁人志士，他们心怀强烈的忧国忧民思想，以国家富强为己任，前仆后继，奋勇争先。在国家面临危难的时刻，临危不惧，保家卫国。正是在他们的感召下，无数中国人才能凝聚起来，中华民族才能历经磨难，团结一致，经千年而不衰，中华文明才能传承久远而熠熠生辉。

我们知道，农历五月初五是端午节。端午节有吃粽子、赛龙舟的习俗，传说是为了纪念爱国诗人屈原。屈原经历了楚威王、楚怀王、楚顷襄王三个时期。他出身贵族，早年深受楚怀王的信任，位为左徒。屈原为了让楚国强大起来，对内积极辅佐楚怀王变法图强，对外主张联齐抗秦。但是屈原的才华却遭到了贵族子兰等人的妒恨，频频被诬陷，后被楚怀王疏远，流放到沅、湘流域。屈原在流放期间，写下了忧国忧民的《离骚》《九歌》等壮丽诗篇，抒发了强烈的爱国情怀与民本思想，其中有著名的"亦余心之所善兮，虽九死其犹未悔"，"长太息以掩涕兮，哀民生之多艰"等诗句。纵然在流放期间，屈原仍心怀国家，心系人民。公元前278年，秦国大将白起攻破了郢都，屈原得知消息后悲愤难当，以身殉国。千百年来，屈原的爱国事迹以及爱国精神早已深入人心，感染激励了一代又一代中国人。

在北京天安门广场巍然屹立着人民英雄纪念碑，纪念碑上有八幅巨大的浮雕，诉说着无数中华儿女反抗侵略、不屈不挠的光辉历史。第一幅浮雕所反映的"虎门销烟"，揭开了近代中国人民反侵略斗争的序幕，彰显了中华民族维护国家主权的坚定决心。清代晚期，为应对贸易逆差，英国向中国大量倾销鸦片，中国人民深受其害。1839年，林则徐在广东禁烟，命外国鸦片贩子限期缴烟，并且严正声明："若鸦片一日未绝，本大臣一日不回，誓与此事相始终，断无中止之理。"经过坚决的斗争，禁烟获得了成功。林则徐亲自率领广东大小官员到虎门海滩监督销毁收缴的鸦片，他

林则徐

派人在虎门海滩的高处，挖了两个长宽各五十丈的大池，池壁与大海相通，海水可以进入池中。然后他命人将收缴来的鸦片纷纷投入大池，再倾入海盐和生石灰，鸦片于是被烧为灰烬。虎门销烟共持续了二十三天。林则徐收缴和焚毁大批鸦片，不仅维护了国家主权和人民利益，更展现了伟大的爱国主义精神与忧国爱民的情怀。

近代以来，面对民族存亡的空前危机，中华儿女的爱国热情像火山一样迸发出来。2020年9月3日，习近平总书记在纪念中国人民抗日战争暨世界反法西斯战争胜利75周年座谈会上的讲话中谈道："中国人民在抗日战争的壮阔进程中孕育出伟大抗战精神，向世界展示了天下兴亡、匹夫有责的爱国情怀，视死如归、宁死不屈的民族气节，不畏强暴、血战到底的英雄气概，百折不挠、坚忍不拔的必胜信念。伟大抗战精神，是中国人民弥足珍贵的精神财富，将永远激励中国人民克服一切艰难险阻、为实现中华民族伟大复兴而奋斗。"爱国精神激励着一代又一代的中国人，同时也更加坚定了我们维护和平的决心，像习近平总书记强调的那样，"中国人民抗日战争和世界反法西斯战争胜利给我们留下的最宝贵启示，就是必须毫不动摇走和平发展道路"。

热爱祖国是我们每个人义不容辞的责任。我们要弘扬爱国主义精神，尊重国家主权和领土完整，时刻捍卫祖国尊严，对于祖国领土问题毫不退让。同时，在我们的日常工作生活中，要注重培养民族自信心、自尊心以及自豪感，时刻以国家和大局为重，为祖国发展繁荣不懈奋斗。

第二节　保护和传承祖国历史文化

惜祖国富强之福，必须尊重、保护和传承本国的历史和文化。我们要坚持道路自信、理论自信、制度自信、文化自信。"四个自信"中，文化自信是支撑道路自信、理论自信、制度自信的基础。只有坚定文化自信，才能不断完善与发展中国特色社会主义文化，把我国建设成社会主义文化强国。

中华文明具有很强的包容性与和谐性。这种包容、和谐的文化理念强调"和而不同"，当面对不同文化的时候，不是针锋相对、势不两立，而是容纳异己、消融对立。中华文明具有强大的吸引力和顽强的生命力。中华文明在与域外文明的交流中，善于吸收借鉴其他文明的优秀成果，多种文明因素在中华大地上互相补充、互相吸收、互相融合，由此整合为多元一体的独特文化。

中国传统文化不仅对中国发展产生了深刻影响，而且对人类文明进步做出了重大贡献。中国古代的造纸术、火药、印刷术、指南针四大发明传入欧洲，对西方近代工商业文明和资本主义文明的产生和发展发挥了重要促进作用。程朱理学传播至朝鲜半岛、日本，对当地的思想文化发展产生了重要影响。中国的医药、丝绸、瓷器、茶叶等传入西方，进入民众日常生活之中。中国的天文、算学、医学、农学等多个领域的科技成果，对世界文明进步影响深远。

历史是最好的教科书，"走得再远都不能忘记来时的路"。对绵延五千多年的中华文明，我们理应尊重敬畏，自信不疑。弘扬爱国主义精神，必须夯实作为中华优秀传统文化根基的文化自觉与文化自信，尊重、保护和传承我国的历史和文化，努力实现中华优秀传统文化的创造性转化、创新性发展，使中华优秀传统文化与现实文化相融相通。年轻一辈要坚守中华文化立场，传承中华文化基因，弘扬中华优良传统，才能在世界文化激荡中站稳脚跟。

第三节　守望相助，众志成城

惜祖国富强之福，就要爱护自己的同胞，守望相助，众志成城。国家是由人民组成的，爱祖国和爱人民是有机统一的，爱人民是爱祖国的具体体现，爱国必然意味着爱人民。在漫长的历史长河中，中国人民历经风雨，形成了今天的中华民族，尤其是近代以来的患难与共已将各族人民凝聚成一个团结紧密的大家庭。在建设中国特色社会主义新时期，各民族要像石榴籽一样紧紧抱在一起，守护好、维护好、发展好我们的祖国大家庭。

中华文化历来提倡仁者爱人，强调和衷共济、守望相助。《晋书·王羲之传》中记载了东晋书法家王羲之"题扇助人"的故事。一天，王羲之在路上看到一位老婆婆，提着一篮竹扇在集市上叫卖，却无人问津。他看到后很是同情，在征得老婆婆同意后，在每把扇子上各题了五个字。集市上的人听说消息后，纷纷前来购买，一篮竹扇很快就销售一空，王羲之为老婆婆解了燃眉之急。据《隋书·隐逸传》记载，隋初有位名士叫李士谦，他家境殷实，崇尚节俭，为人慷慨大方，常周济百姓。有一年，李士谦把数千石粮食借给乡里缺粮的农户。谁知这年秋天遭了灾，庄稼歉收，那些借粮的老乡找到李士谦，请求延期偿还。李士谦说："我把粮借给你们，是为了给你们帮忙，本就不是为了赚钱。既然如此，借的粮食就不用还了。"他将借粮的人都请到家里一起吃饭，并当着大家的面烧毁了所有借据。第二年，粮食丰收了，当初借粮的人来还粮食，李士谦坚决不收，遵守了自己的承诺。李士谦一生乐善好施，他去世后举行葬礼时，"会葬者万余人"，百姓莫不流涕。

每每遇到洪涝灾害及山体滑坡、泥石流、地震等地质灾害时，人民

四川汶川县映秀镇灾后重建纪念雕塑

群众展现的"一方有难、八方支援"的互助精神，"舍小家为大家"的奉献精神，"大爱大义、患难与共"的友爱精神，这都是热爱祖国、守护人民的表现。1998年夏，我国长江、松花江、嫩江、西江、闽江等流域发生了历史上罕见的洪涝灾害，严重损害了当地群众的生命及财产安全。成千上万的解放军战士和干部、群众冲锋在前，用血肉之躯为人民群众筑起了一道铜墙铁壁。全国各地纷纷为受灾群众捐款捐物，"心系灾区一家亲，洪水无情人有情"。2008年，"5·12"汶川大地震发生后，解放军、医护人员和志愿者昼夜兼程，赶到了地震重灾区，以最快的速度舍生忘死地投入抗震救灾之中。全国人民也纷纷通过捐钱、捐物、献血等方式帮助灾区人民。2020年，面对突如其来的新型冠状病毒感染疫情，医护工作者纷纷驰援武汉，救死扶伤，坚守在临床一线。民警、社区工作人员、志愿者勇于担当，奋战在抗疫前线，确保人民群众的生命安全和身体健康。疫情严峻，物资短缺，无数人捐款捐物，凝聚成一股战胜疫情的磅礴力量，坚决打赢这场疫情防控阻击战。

　　惜祖国富强之福，不能停留在表面，而是要落实到一点一滴的行动中去。在国家危难之际，要不怕牺牲，英勇斗争，维护祖国的安全、荣誉和利益；在国家安定之时，要爱岗敬业，努力拼搏，坚守自己的工作

岗位，扛起属于自己的社会职责；在国家需要之时，要挺身而出，勇挑重担，为国家富强和民族振兴，为实现中华民族的伟大复兴贡献智慧和力量。

修福编

第一章　立德修福

第一节　德福关系

在讨论德与福的关系之前，我们有必要再明确一下什么是幸福，或者给"幸福是什么"一个被普遍认可的描述。这确实是一件比较难的事情。当我们在大街上随机问一个人，请他或她说出幸福的概念或者对幸福进行描述时，往往很难得到一个明确的、普遍的答案。如此看来，幸福似乎是一个开放的、不确定的概念。首先，不同时代，不同社会经济背景、文化心理条件下的人，对幸福会有不同的认识。其次，正因为幸福概念和内容的不确定性，导致人们获得幸福的途径和手段也不尽相同。俗话说，条条大路通罗马，但也代表着通往罗马的道路有千万条。基于以上两个不确定的因素，我们会面临这样的问题：幸福有没有一个普遍的衡量标准或者科学体系？我们对于幸福的评价和研究是否可以量化或者是否能对其进行准确客观的描述？如果不能解决这些问题，我们不仅不能清晰地定义什么是幸福，也会导致"身在福中不知福"，更难以明确修福的途径。

幸福当然是现实的、可感可触的，所以肯定有客观标准。我们建立这个客观标准要考虑以下三个方面。首先，对幸福的认知既与历史经验、

文化传统对人们的影响有关，也建立在人们基于社会存在产生的价值理想之上，从而产生了关于幸福的被普遍认可的种种说法。这些说法，经过从个别到普遍的升华，出现了有关幸福概念和内容的几个核心要素，即：持续时间较长、心理和生理的满足与乐趣、能够获得绝大多数人的认同。其次，幸福与个人的心理和生理接受能力相适应，但社会经济发展并不能与之完全适应，这就显示出个体幸福与社会整体幸福之间并不具有必然的联系。最后，个体幸福并不能随着社会整体幸福而顺其自然地实现，这说明个人可以获得幸福，但幸福要靠自己努力争取，而且无论是社会地位的提升、经济水平的提高，还是个人愿望的实现，获得幸福都必须同时得到自我肯定与社会肯定。

以上说明，每个人对幸福的理解不同，每个人所能达到的幸福程度也不同，因此个体实现幸福的途径也不尽相同。但是，不同之中又有相同，即人们对幸福的感受相同，由此能带来幸福感受的内容具有普遍性，如健康、长寿、平安、快乐、家庭和睦、事业顺利、学业长进、金钱、权力、地位、声名等。

可见，人们对幸福的感受以及幸福的内容是比较一致的。尽管如此，我们在这里要批评追求幸福的两种极端方式，它们看似得到了幸福，实际并不是真正的幸福：一个是贪嗔痴，对满足欲望有一种必得不可的执念，对欲望得不到满足的嗔恨，追求幸福的过程中是非不分、善恶不分，急功近利达成目的。另一个就是当下流行的所谓"躺平"，即对满足欲望的"不作为""不反抗""不努力"的生活态度。

有个故事，一个富商在海滩看到一个贫穷的渔夫在悠闲地晒太阳，就问他："你怎么不去工作？"渔夫说："我今天打的鱼已经够我一天吃的了。"富商说："你可以多打一些鱼，多赚点钱。"渔夫说："这就足够了，要那么多钱干吗？"富商说："你可以买艘大船，捕更多的鱼，有更多钱，成为一个富人。"渔夫问道："当了富人之后呢？"富商拍了拍胸脯说："当了富人之后，就可以跟我一样在海滩上晒太阳了。"渔夫听了哈哈大笑起来，说："那我现在已经在这里晒太阳了！"

从结果上看，富商和渔夫在沙滩晒太阳这件事上是一样幸福的，富商的"努力"和渔夫的"躺平"似乎得到了同样的结果。但细究起来，两者的幸福是不同的。渔夫收获了一天的生活资料后，可以跟富商一样拥有在沙滩上晒太阳的幸福，但这几乎是渔夫能够达到的最好生活，一旦生病或发生意外不能打鱼时，他就失去了对幸福的选择。而富商不一样，在沙滩上晒太阳只是他幸福生活的一个选择，他还拥有更多自由的、高水平的选择。所以，我们既不能在追求幸福的高速公路上不顾一切、不择手段地开快车，也不能做占用快车道的"躺平车"，而是既要拥有健康的身体，保持平常心，根据自己的现实情况和个人条件、能力来合理设定幸福目标，又要通过自己的努力，敢于奋斗、善于奋斗，从而获得满足幸福生活的物质和精神条件。

个体的幸福并不能随着社会整体幸福而顺其自然地实现，所有的幸福都要靠努力奋斗去争取。基于此，幸福是奋斗出来的，不是自然而然实现的，更不是天上突然掉下来的。为幸福而奋斗的道路没有捷径，幸福更不是随随便便、轻轻松松敲锣打鼓就可以得到的。正如《诗经》中讲"自求多福"，《孟子》中讲"祸福无不自己求之者"，也就是说幸福是"修"来的。本编所讲"修福"，就是从立德修身、齐家立业、勤劳奋斗、包容助人等方面，讲述如何通过个人努力获得幸福。

将立德修福放在首要位置，是因为德与福密不可分。"德"的古字形从"彳"、从"直""心"，表示遵行正道。而"福"字从"畐"、从"示"，是鬼神所降，与祭祀密切相关。结合起来说，德与福的关系就是，遵行正道，以求得神灵福佑，从而获得幸福的结果。在中国人看来，福天然跟德相关，历代贤达也对福、德的正向关系有过诸多阐释，总结起来主要有两个方面：一是福德一致，一是德为福之基。

福德一致，就是说德即福。在中国人观念中，"福"的内容比较广泛，其中就包括"德"。例如前述商周时期的箕子五福，包括寿、富、康

宁、攸好德、考终命，"攸好德"表明德也是福的重要组成内容。前文讲过宋代欧阳修《长安郡太君卢氏墓志铭》，文中把"德"作为五福中最重要的一个："夫寿者，《洪范》所谓五福也；福者，百顺之名也。故离之虽为五，必合而不阙其一，然后为福之备也。盖五者，其一在人曰德，而其四在天，必有其一于己，然后能致其四。"宋代学者陈大猷解析箕子五福认为："人莫不好生恶死，寿则生之长者，四代皆尚齿，故五福寿为先；虽寿不可无以养其生，故富次之；寿且富或不免于忧患，则身心不安，故康宁又次之；形康心宁，安之至也。寿富康宁而不好德，则老而不死，为富不仁，作伪心劳何足贵哉？""好德必得其寿，好德则得禄而富，好德则心宽体胖，心安理得。""诸福固必本于好德。"清代李光地《榕村语录续集》解释"攸好德"："福有五：寿、富、康宁、考终命，不可得而识；可得而识者，'攸好德'而已。五福者，治道之成，而于皇极发。盖使天下之人，无不好德者，皇之所以建极锡福也。"箕子五福及后人的阐发说明，德是福的内容，而且是最重要的内容，或者说福德一致，德即福。

　　福德一致，一要明确"福"不能单纯用物化标准来衡量，这在中国传统儒释道文化尤其是儒家思想中都有相关体现。孔子就很明确地表达出自己的德福观，他在《论语》中讲："饭蔬食饮水，曲肱而枕之，乐亦在其中矣。"表明以一种合乎道德的方式来生活，即使只有很简单的物质条件，也可以感到幸福。但这并不代表孔子不希望获得财富和禄位，而是倾向于以一种合乎道德的方式去追求。道德在这一过程中既是目标，也是手段。孔子因此说过"富与贵，是人之所欲也"，同时又说"不以其道得之，不处也"，就是说如果要让我用不道德的方式来获得富贵，我是不能接受的。孔子的弟子颜回被誉为德行第一，得到孔子的肯定和赞许，就在于他忠实地践行了孔子的这种德福观。《论语》中讲到颜回的生活方式，即："贤哉，回也！一箪食，一瓢饮，在陋巷，人不堪其忧，回也不改其乐。贤哉，回也！"孔子用一种很强的语气称赞了颜回的"贤"，颜回的"德"。在孔子和颜回看来，这种生活是无关富贵的道德层面的幸福，是关乎心灵的精神方面的快乐。孔子、颜回虽然也知世间的富贵荣华，但他们却能安贫乐道，守大德而无不足，这与道家、佛家的知足常乐、证道成佛思想具有内在相通之处，即认为道德可调节人的欲望，并使人德性自足。从这个意义上来说，道德就是幸福，有德的人就有福。

福德一致，二要明确德者自带幸福心境。幸福与心情有关，也就是说，除了来自外在的物质和精神的满足之外，有时候，幸福更多来自日常生活中身心的调适与守护。儒家认为圣人也是凡夫，他和凡夫一样有着七情六欲，过着最平凡、最普通的生活。在享受生命的品质、追求生活的平静等方面，儒家的圣人和众人没有本质的区别。但圣人与众人的不同之处在于，圣人过着和凡夫一样清贫的生活，却能随遇而安，即使居于庙堂之高，依然保留着凡夫的心态。圣人的快乐和幸福是固有的，无论处境如何变化，心态始终如一。南宋的慧开禅师有一首四季歌："春有百花秋有月，夏有凉风冬有雪。若无闲事挂心头，便是人间好时节。"在慧开禅师看来，一年四季自然的变化、生活中的细节，都充满了喜悦与幸福。《中庸》里有一句话："素富贵，行乎富贵；素贫贱，行乎贫贱；素夷狄，行乎夷狄；素患难，行乎患难。君子无入而不自得焉。"也就是说，一个人无论处在怎样的境遇之中，无论是富贵、贫穷，顺境、逆境，都能保持自在安详、自得其乐的心境，都能保持内心强大，做到这一点，就可以称为君子。从这种意义上来说，德者自安，德即福。

德福关系的第二方面，就是德为福之基。《国语》说："夫德，福之基也。"又说："唯厚德者能受多福。"北宋张载《张子正蒙》说："德者福之基，福者德之致。"这些表明德是福的根基，德是福的原因和根本，福是德的结果和表现。一颗敦厚纯洁的好德之心，才可以孕育福，并使之不断增长，这也正是德的回馈所在。

三代之治是孔子以来儒家向往的理想社会状态，三皇五帝也是上古贤人政治、德者政治的代表。孔子称赞帝舜："舜其大孝也与！德为圣

人，尊为天子，富有四海之内，宗庙飨之，子孙保之。故大德必得其位，必得其禄，必得其名，必得其寿。"舜是中国古代有名的圣贤帝王，《史记·五帝本纪》称"天下明德皆自虞帝始"，舜因为具有圣人的品德，想人民之所想，急人民之所急，视人民如父母兄弟，才获得人民的爱戴和尊敬，从而拥有天子的地位、四海之内的财富、美好的名声以及难得的高寿。孔子借此提出"故大德者必受命"，即道德是帝王施政的基础。孟子说"得道多助"，因为德高之人更具非凡的个人魅力，必然能得到众人发自内心的尊重和拥护，望重又带来良好的人脉和资源，便可成就更广阔的事业。因此，好德是一切福运与福气的根本，这可以作为福文化中尚德精神的最佳注脚。

　　反之，如果丧失道德，必然无福。一是"失道寡助"，无德者不会得到更多的认同与帮助，难以获得成就。二是没有稳固的道德法则和充盈的内心，面对"人生不如意事十常八九"的常态，面对追求幸福过程中的各种不顺和挫折，会感到沮丧甚至怨天尤人，虽然一直有追求幸福的期待感，但不会有满足感，更难以取得幸福的结果。三是无德即使得福，也是短暂的，最终要失去。《国语》接"夫德，福之基也"继续阐释说"无德而福隆，犹无基而厚墉也，其坏也无日矣"，又说"无德而服者众，必自伤也"，如果没有道德而幸福却降临了，那就像没有打地基而在上面筑高墙，迟早是会倒塌的。《红楼梦》里的四大家族都是有钱有势的所谓有福的人，但其没有建立起道德架构和约束，生活极其奢侈，"银子使得如流水"。后来，贾府被查抄，贾母在佛堂忏悔道："必是后辈儿孙骄侈暴佚，暴殄天物，以致合府抄检。"

　　无德得福中最严重的一种情况，是不达目的不罢休，不择手段，不计后果，为实现"幸福"而做出一些违背道德和法律的行为，这不但不能获得真正的幸福，反而会受到谴责和惩戒。正如《六祖坛经》云"迷人修福不修道"，无德者要解"迷"，不是追求福，而应是去追求德。通观中国历史，如石崇、刘瑾、和珅等人，这些权贵其结局却多以悲剧收场，也启示人们对权力和财富获取手段的不断校正与反思。任何一种社会现象，背后必然有其道德伦理支持，如果用一种不道德、不健康的财富观支撑创富环节，社会也就失去了应有的生机和活力，个人也难免受到道德谴责和法律制裁。

第二节　积德行善

因为福和德的关系最紧密，所以中国人自古就有积德行善以致福的认知，并对此做了大量表述。《易经》讲"积善之家，必有余庆"；《老子》讲"天道无亲，常与善人"，"善者吾善之，不善者吾亦善之，德善"；《尚书》讲"作善降之百祥，作不善降之百殃"；《墨子》讲"为善者福之，为暴者祸之"；《左传》讲"行道有福"；《荀子》讲"为善者，天报之以福；为不善者，天报之以祸"；《吕氏春秋》讲"义，小为之则小有福，大为之则大有福"；《史记·孝文本纪》讲"盖闻天道，祸自怨起而福繇德兴"，"为善者天报之以福"；《说文解字》讲"福也，一云善"；《潜夫论》讲"夫君子闻善则劝乐而进，闻恶则循省而改尤，故安静而多福"，"凡人道见瑞而修德者，福必成；见瑞而纵恣者，福转为祸"；《老子想尔注》讲"欲求仙寿天福，要在信道，守诫守信，不为贰过"；《中论》讲"人而好善，福虽未至，祸其远矣；人而不好善，祸虽未至，福其远矣"；《千字文》讲"福缘善庆"；《福寿论》讲"福者，造善之积也；祸者，造不善之积也"；《增广贤文》讲"善人福大"；《孟子正义》讲"改行饬躬，福则至矣"；《曾国藩家书》讲"为善者常受福，为利者常受祸，心安为福，心劳为祸"……

以上这些论述在道德与幸福之间建立了一种直接的关系，在思想上阐释了积德行善、必有福至的理念，更有很多人身体力行地践行了这一理念，由此积淀了大量生动故事，阐释了积德行善和处于变量之中的"福"的关系。

赵盾救助翳桑饿人就是其中一个典型故事。据《左传》《史记·晋世家》等记载，春秋晋国贤臣赵盾到首阳山打猎，住在一个叫翳桑的地方。有一天赵盾见有人饿倒在桑树下，就前去询问，得知饿汉已经三天没吃东西了，赵盾就给他食物吃。饿汉吃下一半，留下一半。赵盾就问怎么不吃完，饿汉说："我给别人当奴仆三年，不知道家中母亲是否活着。我想把食物留下，带回家给她吃。"赵盾被饿汉感动，另外多给他准备了一份食物。后来，饿汉担任了晋灵公的武士。昏聩的晋灵公想杀掉赵盾，便安排甲士伏击他，饿汉也在甲士之中。当晋灵公指挥埋伏的甲士出来追杀赵盾时，饿汉把武器倒过来抵挡着伏兵，使伏兵不能前进，赵盾最终得以脱险。脱险的赵盾没有认出饿汉，感到困惑，就询问其为何救自己，对方回答说："我就是翳桑的饿汉啊。"赵盾这才恍然大悟。赵盾以自己不经意间的善行免除了杀身之祸，而且这种"福报"来得非常迅速且及时。但大多数时候，积德行善以致福，是一个潜移默化、水到渠成的过程。

《了凡四训》中记载了明代思想家、官员袁黄通过行善而积福最终改变自己命运的故事。故事不仅典型，而且涉及当时人对所谓命运、行善、福运三者之间关系的认知。袁黄年轻时为考取功名刻苦读书，一次在慈云寺遇到一位孔姓的算命先生，于是请他帮忙推算自己将来参加科举考试的名次。第二年，袁黄赴考，名次果如孔先生所说。后来，孔先生又接连给他卜了几卦，似乎每次说得都对，还说他做官只能做三年半，膝下无子，半生无福，活到53岁时寿终正寝。袁黄由此完全相信生死祸福、富贵荣辱都是天定的，认为天命不可违，于是泰然处之，终日静坐，不再努力。37岁时，他在栖霞山遇到云谷禅师。云谷禅师对他讲："命由我作，福自己求。""汝不见六祖说：'一切福田，不离方寸，从心而觅，感无不通。'求在我，不独得道德仁义，亦得功名富贵。内外双得，是求有益于得也。""务要积德,务要包荒,务要和爱,务要惜精神。从前种种,譬如昨日死;从后种种,譬如今日生。此义理再生之身也。"在禅师反复启发下,袁黄明白了圣贤之言是对的,福祸天定不过是世俗的说法罢了。因此,他将自己的号由"学海"改为"了凡",意思就是"不欲落凡夫窠臼也"。从此修正观念,积极为善助人,从发誓做三千件善事,到发誓做一万件善事。最终,袁黄不仅有了儿子,也没有在53岁寿终,而是无病无灾、身体康健地活了74岁。袁黄以自己的亲身经历,告诉自己的儿子以及世人,人的命运是可以自己创造的,即"命由我作,福自己求"。

那么,积德行善包括哪些内容呢?《了凡四训》还通过十个为善的事例,说明善有真假、端曲、阴阳、是非、偏正、半满、大小和难易之别,并逐一作了解释,在了解这些道理的基础上提出了积德行善的十个方面,即与人为善、爱敬存心、成人之美、劝人为善、救人危急、兴建大利、舍财作福、护持正法、敬重尊长和爱惜物命。可见,袁黄践行的"命由我作,福自己求",既有传统儒释道仁爱、因果、福报的观念,也兼有丰富的实际内容,比较全面。

作为袁黄几百年之后的现代人,今天我们来看待德与善,更应该理解其内涵是非常丰富的,包括诚实、守信、正义、公平、慈爱、助人、礼让、包容、知错就改、爱国爱民、造福社会,等等。用古人的话总结,就是"至当之谓德","德者,上应天意,下顺民心";用今天的话总结,就是一切良好的品质和行为。值得特别提到的是,今天我们解析积德行善,在继承古人优秀思想的基础上,还应该随着时代发展,发扬谨守个人私德、维护社会公德、重视家庭美德、践行职业道德的理念。

另外有两点要注意。一是如何看待积德行善理念中的宗教成分。佛教认为世间万物都处在因果链条中,从而形成了因果报应观念;而道教杂糅儒学伦理纲常和佛教因果报应等学说,也形成了福报思想。《太上感应篇》就说:"祸福无门,唯人自召。善恶之报,如影随形……所谓善

人，人皆敬之，天道佑之，福禄随之，众邪远之，神灵卫之，所作必成，神仙可冀。"同时，道教还吸收佛教十八层地狱的说法，主张善人死后当升天堂、受诸福乐，恶人则入地狱、受诸苦痛的福报思想。中国民间常讲"善有善报，恶有恶报；不是不报，时候未到；时候一到，一切全报"，就是受到上述宗教思想影响。在这里，我们要正确区分、看待福文化积德行善理念吸收糅合的佛道因果报应、福报思想，清楚认识到尽管中华福文化吸收了佛道思想，但是中国人从不以宗教生活为追求，而是孜孜于伦理生活，积德行善本质上是在完善社会伦理基础上追求福报。

二是如何看待积德行善却并未得到善报的现象。历史上有一些有德的贤人并未获得完满的人生结局。如比干被孔子称为"殷三仁"之一，是殷商的重臣、纣王的叔父。纣王暴虐，比干强谏，并提出"修善行仁，以义自持"，纣王怒杀比干，并挖出了他的心。从传统意义上来说，比干忠君爱民，属于道德楷模，但其道德行为并没有给他带来福佑，反而招致祸患。历史上类似事件并不在少数，但是否可以就此怀疑行善致福的说法呢？答案是不能。正如东汉徐干《中论·修本》所说："行善者获福，为恶者得祸。及其乱也，行善者不获福，为恶者不得祸，变数也。知者不以变数疑常道。"即行善致福，符合规律，凡违背此规律的，才是异常表现。

第二章 齐家修福

第一节 家和万事兴

家庭,是一种以婚姻、血缘关系而建立起来、具有情感纽带的社会单元,以共同生活、经济合作和繁衍后代为特征。

家庭,是中国人心中重要的精神寄托。传统儒家思想规定了五伦即五种社会角色关系,分别是君臣、父子、夫妇、兄弟和朋友,在这五伦中,家庭成员间的关系占据了三个,可见家庭关系在中国社会人际关系中的重要性。一方面,一个人能否取得个人幸福和事业成就,与他的家庭密切相关。一个和睦友爱、富足充盈,有良好家庭氛围和家风的家庭,必然能让一个人汲取动力和养分,让一个人将更多精力投入到事业之中,就相对容易取得成功、感到幸福。反之,一个没有爱意、关系冰冷、每天鸡犬不宁、日子过得拮据的家庭,只会损耗一个人的精力,无助于对幸福的追求。另一方面,中国人在追求幸福感的时候往往会把重点放在对亲人幸福的关注上,这个就是"他向的快乐"所指代的意义。虽然中国人较少地关注自己的主观幸福,但是最后的主观幸福感得分又不是很低,这是因为家庭的和谐美满和亲人的幸福感同样会影响中国人自己的个体幸福感。

因为家庭的重要性，中国人一向重视经营家庭，倡导"齐家"。儒家经典《大学》，讲述了内圣外王的八大条目，也是个体修身为政的八个阶段，即格物、致知、诚意、正心、修身、齐家、治国、平天下。八个阶段涵盖个人、家庭、国家三个方面，其中"齐家"是实现内圣外王的重要一环。齐，即整治，齐家的含义就是治理家庭、家族。

具体来说，"齐家"的内容大致包括以下几个方面。第一是家庭和睦。《礼记》云："父子笃，兄弟睦，夫妇和，家之肥也。"和睦是家庭走向兴旺的前提条件。家族成员长辈与晚辈之间、夫妻之间、兄弟姐妹之间、妯娌之间等等，要长幼有序，互敬互爱。第二是家庭成员之间要互相信任、同心同德、齐心协力。俗话说"夫妻同心，黄土变金"，"不要夫妻千担粮，只要夫妻好商量"，又说"兄弟同心，其利断金"，"打虎亲兄弟，上阵父子兵"，家庭的同心团结，会给每个家庭成员以无穷的力量，也会让一个家庭兴旺发达。第三是家庭富足。家庭成员要通过勤劳肯干、节俭持家、合法经营、合理致富，拥有充实的物质资料和货币财富，吃穿用度不愁，物质和精神文化生活有保障。第四是人丁兴旺。人丁兴旺、子孙满堂一直是中国人的固有观念。尤其在古代，宗族观念十分强烈，并通过这种观念维系大家庭的团结和睦，从而汇集合力，以保持和发展大家庭的经济条件和人口数量。第五个是养成良好家风。如果说，家庭幸福的根基在于亲人的和睦，而家庭的良好发展，则来源于好家风的建设与传承。蔡元培说："家庭者，人生最初之学校也。"家风对一个人的成长有着至关重要的作用。我们也常常听到一句话"上梁不正下梁歪"，就是说明家风不好会导致不良后果。古语有云："道德传家，十代以上；耕读传家次之；诗书传家又次之；富贵传家，不过三代。"古人十分重视家风建设，产生了大量家训作品，直到今天仍有借鉴意义。

那么，"齐家"与修福有什么关系呢？"齐家"是修福的重要内容，是获得幸福的重要手段；或者说，"齐家"本身就是个人幸福、家庭幸福的一种体现。《周易》说"积善之家，必有余庆；积不善之家，必有余殃"；《孟子》说"父母俱存，兄弟无故，一乐也"；《史记·蔡泽列传》中讲"主圣臣贤，天下之盛福也；君明臣直，国之福也；父慈子孝，夫信妻贞，家之福也"；汉代匡衡向元帝上书时说"福之兴莫不本乎室家"；以及今天人们常说"家和万事兴"。这些都指向一个理念，即家庭关系和谐，团结友爱，积极奋进，就是一种幸福。

第二节　家风代代传

世上没有比教养更容易遗传的东西，也没有比家风更潜移默化的教育。回首历史上那些兴盛了几百年的大家族，无一不有自己的家风、家训，有自己家族的精神。晚清名臣曾国藩一家，便是这种"祖宗留下好家风，世世代代留清芳"的典型代表。在他的影响下，曾家十代内出了200多个人才，其中涵盖数学、艺术、教育等各个领域，家族中更是无一败家子。

今天我们所能见到的、集中体现中国人家风建设与传承的，主要是古人留下的各种家训著作。以《颜氏家训》《朱子家训》等为代表的中国传统家训，针对当时人口众多的大家庭，展示了勉学、勤劳、孝顺、谦让、诚信、节俭等中华传统美德标准，其基本内容包括孝敬尊长、和睦友爱、治家谨严、勤奋节俭、正己律下、兼爱不偏、重视名节、奉公爱民、清廉自守、修身进德、立志勉学、审慎交友、宽厚待人、谨慎处事、重视人伦、爱养子女、和睦乡里、善待家人、救难扶贫、助人为乐、处世平和等，涉及个人修养、为人处世、子女教育、成员关系和经世致用等多个方面。

中国传统家训以儒家思想为指导，通过对个人幸福成功经验的总结，形成了一整套关于社会和人际关系的伦理道德标准和行为规范，使个人

按照这些标准和规范，通过学习和训练，成为一个有德行的人，一个有理想、有抱负的人，一个对社会有贡献的人，从而做到个人价值实现、家庭关系稳定、社会和睦协调、国家安定发展。如三国时期诸葛亮《诫子书》，劝勉儿子修身养性，要从淡泊宁静中下工夫，勤学立志，忌怠惰险躁。北宋政治家、历史学家司马光的《训俭示康》，总结历史上以俭立名、以侈自败者，教育子女自律自立、俭素为美。司马光教子有方，家风光大，据《宋史·司马光传》记载，司马光之子康，谦恭有礼，"途之人见其容止，虽不识，皆知其为司马氏子也"。

近代以来体现家风传承的，就是老一辈无产阶级革命家的红色家风。老一辈无产阶级革命家在长期革命、改革、建设的历史实践中，形成的以行为准则及处世之道为载体的家庭文明、红色家风，是中国共产党人的精神、道德、价值取向及作风在家庭生活层面的集中体现。翻开党史，我们不难看出，红色家风是含金量最高的家庭不动产，既蕴含着中国共产党人崇学、崇德、崇俭、崇廉的风尚，又传承着党的初心和使命。它如同无言的教育、无形的磁场，指引着中国共产党人和每个公民树立"齐家"标杆。

当代中国社会的家风建设，主要针对当下以小家庭为主的社会结构，既要吸收这些中华优秀传统文化的思想精髓，也要继承马克思主义家庭观、革命前辈的红色家风，又要顺应新时代党风政风建设的现实需要，以家风淳民风，以家风化社风。

当代社会优良家风建设与传承，关系千千万万个家庭。对于普通人来说，家风建设可以使家庭美满、事业顺利，不仅有利于个人的身心健康，而且有助于促进学习进步和事业成功。《中华人民共和国民法典》明确规定："家庭应当树立优良家风，弘扬家庭美德，重视家庭文明建设。"建设好家风，把家庭成员培养成为合格的社会主义公民，把个人对家庭的奉献融入家庭对社会的贡献，有助于推动形成爱国爱家、相亲相爱、向上向善、共建共享的社会主义家庭文明新风尚。习近平总书记在会见第一届全国文明家庭代表时的讲话中指出,"家庭教育涉及很多方面,但最重要的是品德教育,是如何做人的教育","作为父母和家长,应该把美好的道德观念从小就传递给孩子,引导他们有做人的气节和骨气,帮助他们形成美好心灵,促使他们健康成长,长大后成为对国家和人民有用的人"。而对于党员干部的家风,在参加十三届全国人大一次会议重庆代表团的审议时,习近平总书记则强调,"领导干部的家风,不仅关系自己的家庭,而且关系党风政风",领导干部"要把家风建设摆在重要位置,廉洁修身、廉洁齐家"。所以,对于党员干部来说,良好的家风不仅是个人道德问题,而且是政治和纪律问题。同时,党员干部的家风建设由个人的"私德"扩展到党和国家的"公德",巩固了国家的德治之基,涵养了社会的良好风气。所以,家风是社会风气的重要组成部分,树立良好家风,有助于营造全社会崇德向善的浓厚氛围,以好的家风支撑起好的社会风气,可以凝聚党心民心。广大党员干部要从自身做起,带头养成良好的家风,为子女和身边的人员树立良好的榜样,这不仅是一笔宝贵的精神财富,也能实现个人、家庭的多重幸福。

第三章 奋斗修福

第一节 奋斗

奋斗，一直是追求幸福的必由之路。《周易》有言："天行健，君子以自强不息；地势坤，君子以厚德载物。""自强不息""厚德载物"既是儒家精神，也是中国传统文化的基本精神。中华福文化中也贯穿着两大主线——奋斗、立德。

《诗经》讲"永言配命，自求多福"，即幸福是通过自身努力奋斗而得到的。《孟子》讲"生于忧患，死于安乐"，就是反过来说明，即使生在幸福里，如果不去奋斗，也最终会失去一切。

春秋末年吴越争战中，吴王阖闾在与越国作战中受伤而死，其子夫差即位，决心替父报仇。于是他励精图治，勤勉奋斗，使吴国的实力迅速增强。终于在公元前494年带领吴军大败越国，越王勾践走投无路投降。此后，故事发生反转，得胜的夫差躺在"幸福"里没了奋斗精神，投降后被抓到吴国当奴隶的勾践开始发奋图强。勾践先是小心翼翼地服侍了夫差三年，麻痹了夫差得以被放回越国。回国后，勾践抓紧时间休养民力，恢复生产。同时，为了使自己不忘耻辱，时刻记得复国报仇，他特意住在简陋的草屋里，晚上睡在柴草上，甚至通过尝猪苦胆的味道警示自己。经过十年的积累，勾践终于将越国建设为富强的国家，率军打败了吴国，夫差却身死国灭。

奋斗是实现幸福的必由之路，首先在于奋斗本身就是一种幸福，它满足了人类创造的天性，使人类感受到自身存在的价值，从而激发出巨大的活力，创造出丰硕的果实。习近平总书记多次在重要场合强调奋斗与幸福的关系，如"幸福都是奋斗出来的"，"奋斗本身就是一种幸福"，"新时代是奋斗者的时代"，"奋斗者是精神最为富足的人，也是最懂得幸福、最享受幸福的人"，"世界上没有坐享其成的好事，要幸福就要奋斗"，可见奋斗的意义重大。

奋斗是实现幸福的必由之路，更在于人们在奋斗中能追求幸福生活、创造幸福生活。俗语讲："要想日子甜，家无一人闲。"维吾尔族谚语讲："金子来自沙土里，幸福来自汗水里。"古今中外，人们无不对奋斗才能幸福有一致的认识。上至社会发展、国家富强，下至家庭幸福、个人进步，无论是何种幸福，都需要奋斗才能获得。经过新中国成立70多年特别是改革开放40多年的发展，中国人的生活水平已经实现由贫穷到温饱，再到全面小康的跨越式转变，人们对美好生活提出了更高的要求。这个发展也是在不断奋斗中实现的。安徽凤阳小岗村的蜕变与发展就是一个典型的例子。在改革开放之初，安徽凤阳小岗村与当时很多中国农村一样，面临着缺吃少穿的贫穷境遇。1976年，小岗村全年人均口粮仅有230斤，人均收入32元，到了冬春之际，很多窘迫的小岗人只能外出要饭。有两段凤阳花鼓词是对当时那段历史的真实写照。"泥巴房、泥巴床，泥巴囤里没有粮，一日三餐喝稀汤，正月出门去逃荒。""凤阳地多不打粮，碾子一住就逃荒。只见凤阳女出嫁，不见新娘进凤阳。"日子应该怎么办？——"穷则变，变则通，通则久"。1978年，小岗村18户农民签订"大包干"契约，将土地承包到户。"大包干"后，生产效率极大地提高了，第二年小岗村就归还国家贷款800元，之后又实现了粮食连年增产，解决了温饱问题。进入新世纪，以沈浩为第一书记的小岗村，再次开启了改革的第二春。组织村民,投工投劳,按劳取酬,修建了友谊大道;带领村民制订了"三步走"战略,引进工业、发展现代农业和旅游业。在这样的背景下,小岗村率先推行并建立新型土地流转机制,跳出种粮单一结构,走向规模经营。如今,小岗村又以创建国家级农业示范区、国家特色景观旅游名村为契机,开启新一轮改革,推动乡村产业振兴,带动经济快速发展。小岗村通过40多年的发展,实现了从"户户包田有地"到"人人持股分红"的转变。这充分说明,在实现幸福的道路上,只有敢于奋斗、敢于拼搏、敢于创新,才能创造美满生活。

中华民族从积贫积弱到站起来、富起来、强起来,靠的是一代又一代人的辛勤劳动和顽强拼搏,新时代打赢脱贫攻坚战、全面建成小康社会也是奋斗出来的。正如习近平总书记所说:"社会主义是干出来的,新时代是奋斗出来的。""时间不等人!历史不等人!时间属于奋进者!历史属于奋进者!"这些话深刻地阐释了奋斗的价值。

第二节　勤

勤,是奋斗的最直接表现与最基本内容。《尚书》载:"功崇惟志,业广惟勤。"《周易》有言:"天道酬勤。"《后汉书·张衡传》记载汉代学者张衡之言:"人生在勤,不索何获。"唐代文学家韩愈也说:"业精于勤而荒于嬉。"宋代黄庭坚言:"持勤补拙,与巧者俦。"元代《劝忍百箴》云:"人生在勤,勤则不匮。"这些千古名言都阐释了勤对于人生的重要意义,对于获得幸福的重要价值。

我们从小就听过诸多勤的故事,如苏秦"锥刺股",孙敬"头悬梁",车胤、孙康"囊萤映雪",匡衡"凿壁偷光",祖逖"闻鸡起舞",董遇"书读百遍",王羲之"墨染水池",王冕"僧寺夜读",等等,举不胜举。

唐代韩愈曾写过一篇文章，叫《圬者王承福传》。文中讲当时有个手艺人叫王承福，靠着给别人家涂墙生活，日子过得很清苦。但他自食其力，心里觉得很踏实。他说自己做这份工作三十年，勤勤恳恳，不敢怠慢。他一生中为很多富贵人家涂墙，发现这些富贵人家往往气数不长，问这些人家的邻居什么原因，邻居告诉他，这些人有的做官却不勤于政事，有的居家却不勤于产业。王承福听后感慨地说："食焉而怠其事，必有天殃！"作为生活在唐代的一个普通劳动者，王承福通过勤劳工作，为人涂墙，自食其力，同时在有余力的时候还能周济其他穷人。他的这种生活状态，虽然未能大富大贵，却因为通过勤劳带来的自给自足而感到比较满足。

勤，可以实现生活富足，免除饥寒之苦。汉代的匡衡，年少时由于家境贫寒，只能一边给有钱的地主干活，一边在空闲时读书。由于买不起蜡烛，晚上不能读书，他十分焦急。有天晚上，匡衡发现东边的墙角有一丝亮光，原来是邻居家的烛光从墙壁缝隙中透出，于是他将墙缝扩大，每日就着微弱的亮光读书，后来终于成为汉朝丞相，汉元帝封其为乐安侯。宋代的范仲淹，出身贫寒，早年丧父，母亲带着他改嫁。为了读书方便，他住在寺院之中，夜晚将二升粟米煮熟，放在器皿中，经过一晚的沉淀，粥凝结为固体。范仲淹用刀分割成四块，每日早晚各食用两块，再加入捣碎的野菜和少许盐，每日只靠这些充饥。即便如此，范仲淹都没有放弃学业，每日废寝忘食地刻苦读书，终于进士及第，成为著名的文学家、政治家，在历史舞台上大放异彩。

勤，可以弥补天赋不足，比肩聪明灵巧之人。清朝的章学诚，小时候身体孱弱，资质鲁钝，家人怜惜他，不曾严格要求他。但是章学诚没有自暴自弃，比别人更加勤学苦读，日夕披览，孜孜不倦，摸索出了一套适合自己的读书方法。他不仅广泛涉猎，而且勤于思考，遇到问题随时写下笔记按语，遇到不懂的主动向别人请教。通过勤学苦练，章学诚终于成为著名的史学家。数学家华罗庚总结一生经历，写下"勤能补拙

是良训,一分辛苦一分才"的至理名言,他在青少年时期刻苦自学,在艰难的环境中没有丝毫懈怠,最终进入清华大学进修,并到剑桥大学工作,提出了著名的"华氏定理"。"业精于勤而荒于嬉",也就是说,勤奋能使学业专精,如果耽于玩乐,即便天赋聪颖也将一事无成。宋代王安石笔下有位名叫仲永的神童,五岁时即能提笔作诗,且文从字顺,文理可观。乡亲们一时传为美谈,纷纷花钱请求见仲永一面,求取他的诗作。他的父亲见能从中获利,便日日带领仲永到处拜访周边的人,而不让他安心读书学习。等到仲永十二三岁时,他的诗歌已经不能与小时候相提并论;等到二十多岁时,就跟普通人一样了。像仲永这样的神童,不勤奋努力都会荒废学业沦为平庸,更何况普通人。

勤,可以熟能生巧,使专业精通,学业精进。战国时期的苏秦,在游说秦国失败后,资用匮乏,穷困潦倒,他的家人都不理他。于是他闭门不出,发奋攻读,每当感到困倦时,就拿锥子刺自己的大腿,直至流血,然后继续读书。后来苏秦终于学有所成,游说列国,联合诸侯共同抗秦,名震天下。汉代的孙敬,从小勤奋好学,每天早晨起床就开始读书,一直到深夜也不肯休息,为了不让自己打瞌睡,他想出一个办法,把绳子的一头悬挂在屋梁上,另一头系在自己的头发上。这样,如果他再打瞌睡,头发就会被绳子扯到,让他痛醒。孙敬废寝忘食,勤奋学习,终于成为一位通晓古今的大学问家。苏秦、孙敬的故事或许有夸张的成分,但这种勤奋好学的刻苦精神仍然值得我们借鉴。

当然,今天我们分析勤,可以分为多个层次。一是精神上的勤,即指精神上不是贪图安逸的,而是活跃、奋进、轻快的,对世界始终保持旺盛的好奇心和求知欲,有奋斗和追求幸福的欲望。二是大脑的勤,即勤于思考。通过分析、联想、感悟等,规划出改变现状、追求幸福的办法、方案。三是身体上的勤,这也是我们通常意义上讲的勤奋,表现为不怕吃苦不怕累,认认真真并持续做事情。

需要注意的是,不要以身体上的勤奋来弥补思想上的懒惰,勤奋的身体和懒惰的思想，会导致忙碌无用，最终也难以获得幸福。毛泽东在湖南第一师范读书时，作有一副自勉联，云："贵有恒，何必三更眠五更起；最无益，只怕一日曝十日寒。"这里强调，在学习上除了勤之外，还要有恒心。推而广之，在通往幸福的道路上，埋头苦干，不讲究方式方法，做不到点子上，这是勤而无用的。只有既低头拉车，又抬头看路，做到确定目标、完善自我，兼利他人、融入社会，才能获得最终的幸福。

第四章　包容修福

第一节　包容

　　"福"字金文的象形本是个酒坛子,人们以形相比,就有了大腹为福的说法。于是,后人称大腹便便的人为"发福了",但这种说法只是看到了"福"字的表面含义。其实"福"字的象形,代表大器能容,并非与肥胖有关的大腹便便、腰大十围。佛教中的未来佛弥勒佛,人们对其形象的描述中,其中有一句是"大肚能容,容天下难容之事",表示"量大福大",提醒世人要学会包容。《道德经》说:"江海所以能为百谷王者,以其善下之,故能为百谷王。"《道德经》讲究柔和宽容地对待万事万物,书中到处体现着这种思想,并将包容作为一种美德。其又说:"上善若水,水善利万物而不争。"水能够包容、滋养万物,却不处处争先,故老子称为"上善"。又说:"善者,吾善之;不善者,吾亦善之。德善。"庄子也将能够包容别人作为一种为人处世的积极态度。《庄子》中有言:"不能容人者无亲,无亲者尽人。"不能容忍别人的人,也就无法与别人相处并亲近,也就不能很好地融入社会,就容易陷入被孤立抛弃的境地,成为繁华社会中的一座孤岛。从另一方面来说,能够容人,就容易获得别人的接纳和包容,从而形成和谐融洽的社会关系。进一步讲,能够容人，就能"得道多助"。秦朝李斯在《谏逐客书》中说："泰山不让土壤，故能成其大；河海不择细流，故能就其深。"任何人的成功，都离不开前进路上的各种外在力量的扶持，而宽容可以使自己能够博观而约取、厚积而薄发，使通往幸福的道路更宽广、更通达。

提到包容，人们首先想到的是容人之短，即包容别人的缺点、错误。《资治通鉴》里记载了这样一件事：公元前377年，孔子的孙子子思向卫侯推荐了一个叫苟变的人。子思对卫侯说："这个人的才华可以统帅五百乘军队。"卫侯说："我知道苟变的才能，但是他从前当小官的时候，向人民收税时多拿了两个鸡蛋，所以不能任用他"。子思说："圣人选择人才就像木匠选择木材一样，要取其所长，弃其所短，因此一根合抱的良木，有数尺朽坏的地方，高明的工匠也不会放弃。现在处于战乱之世，不能因为两个鸡蛋就放弃将才，这事可不能让邻国知道啊。"卫侯采纳了子思的建议。后来苟变成了卫国的名将，立下了赫赫战功。

包容还包括另一个层面，即容人之长，也就是不妒忌别人长于自己的优势。《诗经》中讲："百尔君子，不知德行。不忮不求，何用不臧。"意思是君子应该修养德行，不妒忌，不贪求，那么无论什么事都会很顺当。在这里，忮者，即嫉贤害能，妒功争宠；求者，即贪利贪名，患得患失。清代曾国藩也指出"将欲造福，先去忮心，所谓人能充无欲害人之心，则仁不可胜用也"，"忮不去，满怀皆是荆棘"。曾国藩还作有《忮求诗》二首，其中关于"不忮"，他这样写道："己拙忌人能，己塞忌人遇。己若无事功，忌人得成务。己若无党援，忌人得多助。势位苟相敌，畏逼又相恶。己无好闻望，忌人文名著。己无贤子孙，忌人后嗣裕。争名日夜奔，争利东西骛。但期一身荣，不惜他人污。闻灾或欣幸，闻祸或悦豫。问渠何以然，不自知其故。尔室神来格，高明鬼所顾。天道常好还，嫉人还自误。幽明丛诟忌，乖气相回互。重者灾汝躬，轻亦减汝祚。我今告后生，悚然大觉悟。终身让人道，曾不失寸步。终身祝人善，曾不损尺布。消除嫉妒心，普天零甘露。家家获吉祥，我亦无恐怖。"曾国藩的观点说明一个人如果没有嫉妒心,则会光明磊落、心地无私,由此获得内心的平静和外在的融洽,进而养成品性,增加福气。

容人之长一个高超的表现,就是发自内心欣赏别人的优点,并能取长补短,以别人的优点为我所用,取得大成功。清人顾嗣协曾写过这样一首诗:"骏马能历险,犁田不如牛。坚车能载重,渡河不如舟。舍长以取短,智高难为谋。生材贵适用,慎勿多苛求。"作者以动物和工具作比喻,形容人各有所长,各有所短。所以,识人用人要使天资、秉性不同的人其长处得以发挥,同时包容其无关大局的缺点和不足。

春秋时期的齐桓公能够成就霸业,就在于能包容管仲,取其长处。齐桓公,原是齐国的公子,名小白,早年在莒国避难,在老国君齐襄公死后,连忙赶回齐国争夺君位。他的哥哥公子纠也同样从鲁国赶回争夺君位,并派管仲带兵堵截莒国到齐国的路,以刺杀小白。结果管仲一箭射中小白的带钩,小白假装倒地而死,骗过管仲,昼夜兼程返回齐国,最终抢先一步夺得君位。齐桓公即位后,要杀管仲,鲍叔牙劝说道:"如果君上只想治理齐国,那么有我和高傒就够了。如果君上想成就天下霸业,那么非管仲不可。管仲到哪个国家,哪个国家就能强盛,不可以失去他。"齐桓公便听从他的建议,假借报仇雪恨之名把管仲接到齐国,与其谈论霸王之术,发现管仲是个大才,就拜其为大夫,委以政事。经过几年励精图治,齐国国力大增,齐桓公得以成为春秋五霸之首。

汉高祖刘邦和唐太宗李世民,也都是因容人之短、善于用人之长而成就大业的帝王。唐太宗善于因材施用,并不求全责备。他说:"良匠无弃材,明君无弃士。不以一恶忘其善,勿以小瑕掩其功,割政分机,尽其所有。"就是说对各种人才,要包容他们的小缺点和不足,从而使其发挥长处。刘邦的故事更为典型,他从泗水亭长起家,一步步灭秦、败项羽,统一天下。一次,在酒宴上,刘邦向群臣提出一个问题:"各位王侯将军,我为什么能夺得天下,项羽又是怎样失去天下的?大家对此有什么见解,可以说来听听。"众人纷纷发表自己的意见,但主要都是夸奖刘邦的能力，其中大将高起、王陵总结得相当到位，列举了刘邦善于用人、赏罚分明的优点。刘邦点头称善，但又补充说："在军营中出谋划策，制定正确方略，使军队在千里之外打胜仗，我不如张良；坐镇后方，安抚百姓，源源不断地给前方供应粮饷，我不如萧何；能够统率大军攻城略地，我不如韩信。他们三人都是杰出的人才，我虽然在某些方面比不上他们，但我能重用他们，充分发挥他们的才干，所以才能战胜项羽，夺得天下。项羽虽然有个豪杰范增，但不能信任他、重用他，所以才失败了。"可见，能够择人善用，才是刘邦成功的根本所在。

第二节　谦让

包容的一个重要表现是谦让。《周易》六十四卦中，绝大多数的卦象有凶有吉，即使是乾、坤二卦也是如此，而谦卦却是一个例外，无论从哪种卦象来看，它都是一个全吉的卦。虽然这种全吉是相对的，但也是极为难得，这其中包含着极为深刻的人生哲理。《谦卦·象》曰："天道亏盈而益谦，地道变盈而流谦，鬼神害盈而福谦，人道恶盈而好谦。"后人解释说："天道益谦，则谦之大者，天益之以大福；谦之小者，天益之以小福。"从而将谦让的程度与受福的大小结合起来。

谦让能避免不必要的纷争。《增广贤文》中讲"退一步雨过天晴，忍一时风平浪静"，今天俗语讲"忍一时风平浪静，退一步海阔天空"，说的都是这个道理。俗话说"多个朋友多条路，多个冤家多道墙"，现实生活中，不谦让，好争抢，不仅个人会被孤立，甚至会产生不可预知的、不可控的、恶劣的连锁反应。如《史记·吴太伯世家》中讲了这样一个故事：战国时期楚国有个城邑叫卑梁，和吴国接壤。有一天，卑梁有个女孩在边境上采桑叶，与吴国采桑女发生了争执，卑梁女的父亲为此遣

责吴女的父亲，吴女的父亲很不服气，卑梁女的父亲一怒之下杀了他。第二天，吴国那家人来报仇，杀了卑梁女全家。接下来，卑梁的地方官又杀了吴女全家，而吴国因此大举进攻卑梁，然后楚军全面侵入吴国，两国发生了大规模战争。两个女孩的争执，居然酝酿出两个国家的战争。由此可见，不必要的争执只会带来灾祸。

谦让能和谐人际关系。道理很简单，你对别人谦让，自然会得到别人的理解与拥戴，作为回报，别人也会对你谦让，这样一来，互相谦让，结果就是大家都受益。不管是家人、同事、朋友、邻里，谦让都是和谐关系的良药和润滑剂。清康熙年间，张英担任文华殿大学士兼礼部尚书。他的老家在安徽桐城，与吴姓人家为邻，两家院子之间有条巷子，方便双方出入使用。后来吴家要建新房，想占这条巷子，张家人不同意。双方争执不下，到当地县衙打官司。但县官见两家都是名门望族，谁也惹不起，所以不敢轻易断案。张家人于是给在京城做官的张英写信，要求他出面解决此事。张英收到信后，在回信中写了四句话："千里家书只为墙，让他三尺又何妨？万里长城今犹在，不见当年秦始皇。"家人收到信后，主动让出三尺空地。吴家人见此情形，深受感动，也主动让出三尺。"六尺巷"由此得名。这条巷子就位于今天安徽桐城西南，全长100米、宽2米，巷道两端的石牌坊上刻着"礼让"二字。如今其已成为知名的旅游点，成为谦让精神的重要载体，体现以德为邻、大度包容的传统美德。

谦让能团结集体、稳定大局，进而实现国家安定和社会发展。著名的"负荆请罪"的故事就是一个典型的例子。战国时期，赵国的蔺相如因为"完璧归赵""渑池会"两大功劳，被赵王封为相国。将军廉颇对此很不高兴，认为自己为赵国征战多年，九死一生，立下了汗马功劳，蔺相如只是动动嘴皮子，就封了相国，比他的地位还高。因此廉颇放话说：今后在大街上遇到蔺相如，一定把他拉下马，好好羞辱他一番。蔺相如听到此话后，不仅不生气，反而处处退让。每到上朝时，蔺相如就常常推说有病，不愿和廉颇争高低。有一次，蔺相如出门，远远望见廉颇的车马，就叫自己的车马绕道躲开。廉颇见蔺相如处处避让自己，心中十分得意。而蔺相如的门客看到这些，心里却很不舒服，就对蔺相如说："我们是因为仰慕您的崇高品德，才抛妻别子到您身边来。现在，廉将军在外面讲您的坏话，您非但不敢回敬他，而且还处处躲着他。您这么怕他，就连一个普通人都替您感到羞愧！"蔺相如心平气和地回答道："你们觉得廉将军和秦王哪个厉害？"门人回答："廉将军自然不如秦王。"蔺相如说："像秦王那样威风，我都敢在秦国的朝廷上斥责他，羞辱他的群臣。我虽然无能，难道会怕廉将军吗？我只是觉得，强大的秦国之所以不敢轻易发兵攻打我们赵国，就是因为有我们两人在。如果我们两人相斗，势必有一个会受到伤害。我是顾及国家的安危，才把个人的恩怨放到一边。"事后，廉颇得知蔺相如对自己的宽容谦让，是为了顾全大局，非常羞愧，于是背着荆条去向蔺相如请罪。从此，两个人成为好朋友，共同保卫赵国。蔺相如的谦让不仅避免了冲突，还造福了赵国人民。

第五章 助人修福

第一节 仁者爱人

幸福，绝对不是一种孤立的追求。人的个体性，也只能在群体性中得到差异的体现。离开了群体，人就不再是完整意义上的人；脱离了群体的人，也就不再是拥有人性的人。

马克思说："人的本质是一切社会关系的总和。"在马克思看来，人的本质离不开以物质资料生产为基础的劳动实践，只有在这种社会关系中才能实现人的本质。基于这种对人的本质个体性和群体性的认识，在处理人与自然、人与人、人与自我关系的过程中，先秦时期墨家提出了"兼爱"思想。《墨子》讲："爱人利人者，天必福之；恶人贼人者，天必祸之。""仁人之事者，必务求兴天下之利，除天下之害，将以为法乎天下。利人乎即为，不利人乎即止。"孔子则总结了前人探索的成果，构建了"仁"的哲学，提出"仁者爱人""己所不欲，勿施于人""夫仁者，己欲立而立人，己欲达而达人"等学说，表明孔子对个体的主体意识有着深刻的见解。

爱人，不仅基于人的群体性需求，也是一种社会互益的表现。爱人才能播种"善种"，收获"福果"。清人石成金说："世人皆欲长寿富贵等类，但此诸福，未有不从种根而生者。盖言行有利于人者，俱为之方便，即俱为种福。兹非方便于人，实种福于己。"就是说要收获福，就要爱人助人。

我国毛南族文学中有这样一个传说故事，就讲述了一个善良的青年寻找幸福的过程。有个青年，父母早逝，生活穷困。他想摆脱困境，过上幸福生活。但是怎样才能获得幸福呢？他听说南天门有个南极仙翁知道怎样才能获得幸福，于是日夜兼程，前去拜访。一天，他走到百草峒，到一户人家讨水喝，主人请他代为请教南极仙翁，自己的独生女为何长到18岁了还不会说话，他答应了。又一天，他来到桃花寨借宿，寨里的阿伯托他代为请教南极仙翁，后园的桃花为啥只开花不结果，他也答应了。当他来到东龙河边时，发现河上既没有桥也没有船，河里的大鲤鱼听说他去访仙，便把他背过河，并请他代为请教南极仙翁，为什么自己修炼了八百年还跳不过龙门，他又答应了。不知道过了多长时间，青年终于到了南天门，一一向南极仙翁询问了受托的三件事，但当他要问自己的事时，仙翁突然消失了。自己的事情没有问成，但替别人问明了几件事，他也不觉得后悔，还是高高兴兴地往回走。来到河边，他告诉大鲤鱼，拔掉自己嘴边12根胡须中最长的两根，便可跳过龙门。鲤鱼很感激，送他一颗夜明珠。到了桃花寨，他告诉阿伯，要在桃树下挖三尺三深，桃树就结果了。阿伯照着做了，竟挖到一坛黄金，要全送给青年，被他谢绝了。从此桃树果实累累，阿伯十分欢喜。到了百草峒，哑女一见他，就对她爹喊道："你的女婿回来了。"从此，哑女能说话了，主人很高兴，便招青年为婿。到了结婚这天，桃花寨的阿伯送来黄金，附近的乡邻都来祝贺。故事中这个毛南族青年，本来是想寻找自己的幸福，却在帮助他人的过程中错失了机会，但最终也因为对他人无私的爱与帮助收获了幸福。

当然，爱人有个前提，就是爱己。从爱自己开始，对自己关怀、了解、尊重、负责，正视和重视自己的感受，不委曲求全，不刻意为讨好

别人而压抑自己。在做到爱自己的前提下,再去爱别人,才是健康的爱人观,才利于社会互益。

第二节　利人助人

爱人的表现即利人助人。清代张潮《幽梦影》中说:"有力量济人谓之福。"济人是福,一是利人助人本身会使人产生一种特殊的幸福感;二是利人助人会得到回报,最终也是帮助自己。

早在先秦时期,很多思想家就将利人助人作为一种美德,并将其上升到精神满足的层面。我们知道人对幸福的感受是有层次的,从物质满足到精神满足,从为了自己的幸福到为了他人的幸福,体现的是幸福感由低层次向高层次的跨越。助人行善是一种奉献,同时有助于实现自身价值,从而提升个人幸福感,让人感到快乐。正所谓"赠人玫瑰,手留余香",奉献越多,对幸福的感受就越深,就往往更加重视精神满足。

当然,这里有个前提条件,就是利人助人要带着真诚,而不是带有一定的目的性。《菜根谭》中有一句很形象的描述:"施恩者,内不见己,外不见人,则斗粟可当万钟之惠;利物者,计己之施,责人之报,虽百镒难成一文之功。"又如清代曾国藩所说:"为善最乐,是不求人知。为恶最苦,是惟恐人知。"善念一起,并不求人知道,所以能够保持心灵的平静,即"为善者常受福","心安为福"。

利人助人意味着我们在做有益于他人之事的过程中,同时伴随着放弃自己的特定利益和幸福。但付出就有回报,这种回报可能体现在被帮助之人的回馈,或体现在奉献之后社会的肯定和表彰,或体现在孔子所说的"为善者,天报之以福",总之最终都是帮助自己。

利人助人的高阶,是帮助更多的人。孔子就曾提出人生奋斗的三个境界，"修己以敬""修己安人""修己以安百姓"，即一个人首先要自我修养成为君子，然后帮助周围的人获得快乐幸福，最后使所有老百姓都幸福快乐。范仲淹的"先天下之忧而忧，后天下之乐而乐"的忧乐观，也反映了正确的修福观。人不能仅仅满足于自身幸福，更应该充分发挥才能和潜能，为周围的人乃至整个国家的人民和人类谋幸福。这种实现更广大人群生活幸福的理想，这种中华福文化的终极追求，在当代社会更应该加以提倡。

中国共产党自成立之日起，就以为中国人民谋幸福、为中华民族谋复兴作为自己的初心和使命。习近平总书记指出："我们党近百年来所付出的一切努力、进行的一切斗争、作出的一切牺牲，都是为了人民幸福和民族复兴。"而实现中华民族伟大复兴，需要时代楷模。

雷锋就是永不过时的时代楷模。雷锋精神的核心是为人民服务，体现了服务人民、助人为乐的奉献精神。雷锋作为一名普通的解放军战士，以自己短暂而又伟大的一生，践行了为人民服务的宗旨。雷锋精神也成为被世人普遍接受的助人为乐、敬业奉献的代名词。他有一句名言："人的生命是有限的，可是，为人民服务是无限的。我要把有限的生命，投入到无限的为人民服务之中去。""当代雷锋"郭明义也深有体会地说过："每做一件好事，就有一股幸福感涌上心头。"

学雷锋志愿活动

我们在新时代学习弘扬雷锋精神，树立正确的幸福观，就要对雷锋精神做到全面理解、深刻把握、努力践行、不断发展，在自己的工作岗位和日常生活中，帮助他人，奉献社会，在实现幸福的道路上行稳致远。

弘福编

第一章 怎样认识福文化

第一节 福文化是民俗文化

基于前文对"福"字起源、演变的理解,对福文化风俗、故事的介绍,以及对惜福、修福思想的阐释,我们可以这样总结福文化。

广义上的福文化指所有与"福"有关的文化现象。具体包括:一、以求福为核心的风俗活动。如岁时节令贴福祈福的风俗习惯;如对天地、日月星辰、山川、神灵、祖先、人杰、节令的祭祀仪式;如占卜、择吉、风水、祈祥祛灾等活动仪式。二、长期以来逐渐形成的福神信仰,以及与福有关的典故趣闻、神话传说等。三、表达求福思想的各种文化艺术、手工艺创作,如诗歌、戏曲、书法、绘画、雕刻、剪纸、刺绣、编织等。四、生活中以"福"字命名的各种事物,呈现求福思想的生活用具、设施、商品等。五、人们对何为福、如何获得福的思想认识,包括观念认知、系统阐释、理论总结、价值准则等。以上内容有机统一,构成了庞杂的、不断演变的福文化体系。

无论福文化所包含的内容有多广泛,它首先是一种民俗文化。每一个人都在特定的民俗环境中出生,一点点长大,生活中的吃、穿、住、用、行、社交、所学、所想,等等,都会被民俗所浸染。正如一位民俗

学家说的那样："人民生活在民俗当中，就像鱼类生活在水里一样。"福文化正是这样一种民俗文化，它带着人们对美好生活的期许，广泛渗透到日常生活中，形成特定的风俗习惯。几千年来，为全体中华儿女世世代代传承。

商周青铜器上的"蝠"纹样

前文讲到了《山海经》中有关门神神荼、郁垒的故事，虽然《山海经》是神话书籍，但我们依然能从中窥探出上古时期已经有了驱邪致福的做法。到了商、周时期，求福祈福的民俗活动已经普遍存在，有三个证据。第一，此时祭祀活动广泛存在，发展成熟，而祭祀祈祷目的之一就是祈求祖先和上天赐福。大量的同期青铜器金文上，记述了当时的求福内容和活动。第二，从文物中我们也能看到当时的福文化痕迹。例如中国国家博物馆收藏的商代蝙蝠玉雕，夸张地展现了神秘主义色彩，证实了商代人的蝙蝠崇拜。第三，古籍记载了当时的求福风俗。《诗经》收集了西周初年至春秋中期的诗歌，是当时人们生活的生动写照，书中用大量的语句展现了对福的赞美、向往、追求。其中《云汉》一篇，讲西周末年周宣王祈雨，提到"旱魃为虐，如惔如焚"，旱魃是神话传说中引起旱灾的怪物，赶旱魃是驱邪致福的风俗之一。同时，《诗经》中多次出现葫芦，并被赋予美好寓意，证明葫芦（谐音"福禄"）作为民俗吉祥物早已存在。《尚书》，汇集了上古尧舜一直到春秋时期的重要文献资料，书里记载了"箕子五福"，这是对福认识的一次总结与升华。该书虽然没有直接记录求福风俗，但是出现这样的思想总结，一定离不开背后的风俗心理。而且，从《诗经》《尚书》这两部典籍中，我们还可以发现当时人们根深蒂固的观念：福自祖先赐予、福自天降。

春秋战国时期，福文化取得大发展。由于思想上的百家争鸣，儒家、道家、墨家、法家等纷纷发表自己对福的见解。如老子的"祸兮福之所倚，福兮祸之所伏"，庄子的"平为福"，孔子的"存亡祸福皆已而已"，孟子的"祸福无不自己求之"，荀子的"福莫长于无祸"等，展现了人们对福认识的新高度。战国印玺出现了"有福""大福"等吉语，证明此时人们还把求福的心理，应用到艺术创作中。在民间风俗上，《论语》中记载了当时的打傩风俗，场面宏大，打傩就是驱邪致福风俗之一。

战国印玺"有畐（福）"　　战国印玺"大畐（福）"

秦汉时期，《独断》《风俗通义》等典籍记载了当时的除夕风俗，人们扎桃木偶，在门上画神荼、郁垒和老虎，悬挂苇索，祛除凶魅。出土简牍、帛书中的零星文字反映了当时的求福观念。画像石、瓦当、铜镜、印章中出现了祈福吉祥语及祥瑞图案。汉武帝采纳大儒者董仲舒的建议，罢黜百家，独尊儒术，于是福文化更多地跟儒家文化结合，人们认为要顺天修德来求福。相对的，无神论学者王充在《论衡》一书中专设《福虚》篇，否认福祸天定，抨击福祸是天人感应的观点。学者桓谭又在《新论》里提出新"五福说"，即寿、富、贵、安乐、子孙众多。这些都标志了福文化的新发展。

三国两晋南北朝时期，政权林立，战乱不断，百姓颠沛流离，人们在苦难中渴望精神慰藉，佛教、玄学借机兴盛起来。生活在这样的时代，人们对福有更迫切的渴望，有更深刻的认识，福文化呈现出兼收佛教、玄学思想的新特点。就如嵇康《声无哀乐论》所讲的"群生安逸，自求多福"那样，人们祈求安逸无为、顺其自然的福。民俗上，据南朝梁时《荆楚岁时记》记载，此时出现了宜春帖，成为今天贴"福"字的直接来源。福德正神、增福财神等福神崇拜出现，大量建筑尤其是宫殿、寺庙以"福"字命名，著名的如景福殿、兴福寺，佛道宗教题材的莲花、飞

天等元素出现在福文化图案中。

隋唐是个繁荣开放的时代，社会稳定，经济、文化繁荣，社会生活焕发出新的活力。尤其是科举制让普通老百姓也有机会做官，人们对福的追求比以往更容易实现，福文化充分体现于文字、语言、习俗中。人们嘴里说着福，笔下写着福，"万福"成为日常问候语，"福"的字眼在唐诗中大量出现，写百福图开始流行，如至今安放在西安碑林的李阳冰《百福图》；牡丹、葡萄、宝相花等寓意富贵、多子孙的元素进入福文化图案中，并成为主流；门神大家庭的成员多了秦琼、尉迟恭、钟馗等，福神信仰的对象也增多了；最早的春联出现；跳五福、傩舞都是当时喜闻乐见的求福习俗。据《旧唐书》记载，唐代药王孙思邈还撰《福禄论》三卷，可惜今天已经看不到这本书了。

宋元时期，在农民、士大夫阶层之外，出现市民阶层并快速壮大，市井经济大发展，这为福文化的发展注入了巨大活力。在热闹繁荣的市场中，在表演娱乐节目的勾栏瓦舍中，在宋词、元杂剧、小说的创作中，都能找到人们对福的追求。尤其造纸术的成熟、印刷术的发展，促进了福文化的快速传播。民间风俗上，今天所能见到的各种福神崇拜，在宋代已经基本出现，据《梦粱录》《东京梦华录》《岁时广记》等记载，贴年画、门神画、窗花、门笺、"福"字、春联等春节风俗，此时都已经齐备；大量福文化元素开始出现在日用器皿尤其是瓷器上，显示出非凡的艺术魅力。

明清是求福民俗的全盛时期。一、明清时期的皇家贵族对福文化十分喜爱和推崇，最显著的就是皇宫中的日常器物，从造型到图案，无不折射出对福文化的狂热追求。二、明清时期福文化完全走向平民化、世俗化，深深融入百姓生活，并形成以"福、禄、寿、喜、财"为核心的、更贴近百姓生活的新五福文化。三、福文化的表达不再是简单的文字、图案呈现，通过谐音、象征、双关、借喻等多种方式表达成为主流，如五福捧寿、葫芦万代、瓜瓞绵绵、太平有象等。四、福文化中那种反面性祛灾辟邪的意识越来越弱，正面性的求福喜庆意识越来越占据主流，因为相对于驱邪的狰狞图案，喜庆的图案更让人赏心悦目。这些图案包括桃子、葫芦、葡萄、牡丹、莲花、灵芝、蝙蝠、仙鹤、鹿、龙、凤等等。五、承载福文化的载体比以往任何时代都要广泛，日常生活中的建筑、服饰、器皿以及其他各种日用品等都被用来表达求福愿望，造型、图案、纹饰也包罗万象，称得上"图必有意，意必吉祥"。

与世界上大多数国家属于宗教文明不同，中国文明是世俗文明，这种世俗文明的一个重要组成部分就是福文化民俗。它体现了人与自然的斗争与融合，体现了尊重宇宙规律以及人与自然和谐一致的天人合一思想，体现了社会思想的变迁，体现了时代价值和人民旺盛的生命力。它有以下特征：第一，人们对福的理解和追求从现实生活出发，追求的东西具有功利

福建寿宁县西埔村外墙"福"字

性、世俗性、物质性，譬如金钱、权贵等，但也不乏对精神生活的追求，如安宁、喜乐等。第二，崇拜什么神灵、怎么去崇拜，一套习惯都是人们自发自愿的，没有固定的组织机构、活动场所，也没有专职的神职人员，更没有完整的伦理、哲学体系。第三，重在表达愿望和心理，而不追求所谓的科学、理性。第四，这种民俗源远流长，具有较强的稳定性、延续性和扩散性，内容和形式明朗、生动、活跃。

发展到今天，福文化风俗中的迷信成分早已淡薄甚至消失，人们更多是借世代相传的、五彩缤纷的求福方式来丰富生活，表达对自己及亲朋好友的祝愿，以及对生活的期盼。

第二节　福文化是礼仪文化

中国自古是一个礼仪之邦，福文化在长期发展中，也融合了儒家的礼仪文化，使得对福的追求演变成了生活中的礼仪。

《说文解字》中解释到："礼，履也。所以事神致福也。"意思是遵守礼节，才能侍奉神灵，才能得到赐福。一下子就说明了古人心目中福与礼的关系。在古人看来，一个人讲礼仪，就是在修自己的福气；一个国家、民族讲礼仪，那就如《后汉书·荀爽传》所说，是"国家之弘利，天人之大福"。

福文化中随处可见礼仪文化。例如逢年过节，大家要相互拜会祝福，这是必不可少的礼节。再如中国人写信，是非常讲究礼节的，信的开头和结尾都要表达祝福。如：愿绥福履、益绥福祉、孝履支福、起居支福、茂膺福祉之绥、尊候万福、台候万福、伏惟懿候万福，等等，举不胜举。我们今天写信，开头写上问候语，结尾写上祝福语，其实是从古代传下来的礼节。

古代还有一种行礼的方式，叫"万福"，也叫"道万福"。动作是两手相叠，松松抱拳置于右胯，双腿略弯曲，上身前倾，嘴上说"万福"。"万福"一词在先秦时期就有了，不过一直到唐代，它都只是祝福语，例如《诗经》中的"万福攸同""万福来求"；例如唐代诗人李白给好友写信，开头就是："某启。辞违积年，伏恋轩屏。首冬初寒，伏惟相公尊体起居万福。"唐代文学家韩愈《与孟尚书书》写道："未审入秋来眠食何似，伏惟万福。"万福似乎变成了日常用语，人们开口就是某某万福。

至迟在唐代，人们在道万福的同时还加以相应的祝福动作，如《大唐三藏取经诗话》里有这样的话："见一白衣秀才从正东而来，便揖和尚：'万福，万福！和尚今往何处？'"到了宋代，这套语言和动作形成了万福礼。宋代有一本叫作《家礼》的书，讲到小孩子会说话以后，"教之自名及唱喏、万福"，就是教小朋友说写自己的名字，行唱喏、万福两种礼节。

万福礼本来是男女都用的礼节，晚辈给长辈、下级给上级行礼都用。到了明清时期，只有妇女行万福礼。清朝灭亡后，就不再使用这种礼节了，人们见面打招呼，多使用拱手礼，标准的男子姿势是右手成拳，左手包住，因为右手是攻击手，包住以示善意；女子则相反，右手压左手，但不抱拳。行拱手礼，有时还会附带说上"托您的福"一类的话。

宋代《杂剧人物图》中的万福礼

今天，我们送亲朋好友出远门的时候，都会说"祝你一路顺风"，古人怎么说呢？古人送别的时候，会说"一路福星"。这个词大体是宋代开始使用的，路是当时的行政区划，类似于今天的省，福星指天上的木星，古人认为木星会带来好运，木星在天上对应地上哪一路，哪一路就有好运。所以为民谋福的好官，就被比作"一路福星"。有一次，宋朝宰相司马光，向宋神宗推荐鲜于子骏去做京东转运使。司马光说："朝廷欲救东土之弊，非子骏不可。此一路福星也，可以为诸路转运使模范矣。"于是鲜于子骏被任命为京东路转运使，上任临行前，司马光感慨地说："安得百子骏布在天下乎！"意思是要是全国有一百个鲜于子骏到各处去做官，那就好了。

后来"一路福星"就用作祝人旅途平安的祝福语，成为送别时候的一种礼节。清代范寅《越谚》记载："一路福星，又一路顺风，送远行

语。"旧时婚嫁的喜轿帘上多贴"一路福星"之类的红签，这是一路顺利、平安快乐到婆家的祝福。直到今天，每逢春节，沿海渔民的渔船上都会贴上"一路福星"，以求出海安全。

第三节　福文化是精神文化

长久以来，中国人创造了许多和"福"字有关的词汇，形容人外貌丰盈的"福相"、享受美食的"口福"、欣赏好东西的"眼福"、听美妙音乐的"耳福"、交上桃花运的"艳福"。还有好消息叫"福音"，吃胖了叫"发福"，幸福安乐的地方叫"福地""福田"，富贵积善之家叫"福门"，享受幸福的运气叫"福分""福气"，全家照叫"全家福"，说一个人憨厚招人喜欢叫"傻人有傻福"。人们还用"福"字来命名美食、植物，如五福饼、福橘、福木、广福藤、福寿草、福禄考，不胜枚举。又如中国人喜欢用"福"字命名地名，如贵州福泉市、云南福贡县、江西安福县、湖南长沙开福区、山东烟台福山区，又如江苏南京有福真街、福兴街、福景路，又如福建有福州市、福清市、福安市、福鼎市等。包含"福"字的成语、吉祥语更是屡见不鲜……总之，"福"字在生活中的使用频率非常高，透露出中国人对生活的热情和希望。

中国福文化看起来是实用的、功利的、民俗的，但是它并不肤浅。它既有外在的表现形式，又有精神内核；既是催人奋斗的实用主义生存智慧，又是给人精神寄托的形而上的生活观念和价值

福州乌山"福"字坪

取向。那么福文化的精神内核是什么？总的来说，是积极向上的生活态度，是向善向美的道德取向，是中国传统文化精髓的兼收并蓄。

福文化中处处洋溢着中国人积极向上的生活态度。纵观几千年的历史，无论是在五谷丰登的年头，还是在吃不饱、穿不暖的饥馑年代，无论是在和平岁月中，还是正经历着战乱颠沛流离，中华儿女始终珍视生命、乐观向上，他们期盼丰衣足食、安定富裕的生活，期盼健康长寿、多子多孙、平平安安、团团圆圆。为了美好生活，他们身体力行，辛勤耕耘，努力奋斗，而且通过开展各种求福风俗活动来表达自己对美好生活的期许。所以，福文化是一种精神文化，首要精神就是积极向上，乐观热情，依靠自身努力奋斗。

福文化蕴含着中华民族向善向美的道德取向。在福文化风俗中，我们可以发现一个现象，无论是人们尊奉的诸多福神，还是各种福文化传说、故事里被歌颂的人物，其中有宗教传说中的神仙，但更多的，是来自于平凡生活中的人物，他们或者是爱民如子、为民造福的好官，或者是为民除暴的勇士，或者是机智化解百姓危险的智者，或者是帮助他人解困的大善人，或者是反抗侵略、保家卫国的爱国斗士。在古人的思想里，不是那些地位尊贵、生活优渥的王侯贵族值得被歌颂，也不是神话传说中的法力无边、神通广大的鬼神值得被尊奉，真正值得被尊敬、感恩并祭祀的，是那些为人民的幸福做出贡献的人。

福文化的精神内核是充满哲理、充满智慧的，因为它吸收了古代儒释道思想精华；反过来，"福"又成为各种学说共同的内在追求。儒家的仁孝、德义、谦逊、守礼、和为贵、顺天命、民本、大同、中庸、安贫乐道、求诸己，道家的自然无为、返璞归真、知足知止、避世不争、福祸相倚，墨家的兼爱、非攻、节用、兴天下之利，佛家的觉悟无我、福慧双修、善恶报应、因果循环，都对中国人的幸福观有着深远的影响。古人认为福德一致，人首先要以道德追求为主，幸福自然而来；认为有福莫享尽，"君子祸至不惧，福至不喜"，葆有一颗平常心；认为"福生

于无为",幸福是自然无为、返璞归真;认为善有善报,恶有恶报,人应当积德行善,福延子孙;认为人的本能是趋福避祸,但要爱人,不能伤害别人的幸福,要和睦友爱;认为要节俭,要惜福,才能福寿绵长;认为要努力行善,要修福,要"自求多福"。

总之,福文化是精神文化,表达了世世代代中华儿女对生活的热爱,对真、善、美的追求以及爱人、爱家、爱国情怀。经过几千年的发展,这种精神文化已经全面、深入渗透到中国人生活的方方面面,超越了民族、宗教、地域、族群、时间的局限,包罗万象,影响全体中国人的行为习惯、价值追求、审美情趣、社会心理。它为全体中华儿女所推崇,促进了各民族情感融合,已经内化为中华民族的文化基因。

第四节　福文化是哲学文化

一、福文化的唯物性

古人通过祈祷、祭祀,希望上天赐福,所以福文化是有唯心思想成分的,《论语》中"死生有命,富贵在天"的天命观,也说明古人认为一个人的福分是命定的。但是,在福文化的变迁中,人们更多地认识到,福是靠自己争取的。福非天定,而在人为,就是说福具有唯物性。古人对福的唯物性有很清楚的认识,并做过大量阐述。

第一,福有必然性和偶然性。人人都喜欢吉祥、福气,讨厌凶灾、祸事。但是福不会因为人喜欢就来,祸不会因为人讨厌就不来,福祸都客观存在,具有必然性。所以先秦时期的思想家慎到就说"祸福生乎道法,而不出乎爱恶",《汉书·枚乘传》也说"福生有基,祸生有胎",就是福和祸是有基础的,是事物转化的结果,不是无缘无故的运气,这就是朴素的唯物主义思想。

同时，人们也认识到，福具有偶然性，大思想家荀子就发现，现实中偶尔会出现"为恶得福，善者有殃"的德福不一致的状况。福祸的偶然性也是福文化哲学的内容，体现福与个体认知、偶然时运等复杂情况密切相关。

第二，求福在于人的主观能动性。有一次，鲁国的君主鲁哀公问孔子："国家兴亡祸福，应该是天命，不是人力所能改变的吧？"孔子回答说："存亡祸福皆己而已，天灾地妖不能加也。"孔子的意思很明确，福祸均由自己造成，上天是不能影响一个人的祸福的。我们从《诗经》就能看出来，早在西周末期已萌发了祸福"匪降自天"而"职竞由人"的思想认识，《诗经》中的那句"永言配命，自求多福"，可谓影响深远。到了春秋战国时期，各个派别的思想家纷纷发表自己的见解，阐述类似的观点。《左传》说"祸福无门，惟人所召"，《孟子》说"祸福无不自己求之者"，《礼记》说"福由己耳"，都是肯定求福的主观能动性。孟子提出"反求诸己"，他这样说："爱别人，却得不到别人的亲近，治理人，人家却不接受你的管理，以礼待人也得不到对方的礼遇，出现这些情况，那就要反省自身，是不是自己做得还不够。只有加强自己的德行修养，别人才能亲近归顺自己，因此《诗经》说要永远修德配天命，这就是自求多福。"孟子这段话告诉我们不要怨天尤人，要反躬自身，加强自身的修养，通过自身的努力才能得到福运、福报。

《管子》说"为善者有福，为不善者有祸，祸福在为，故先王重为"，进一步明确得福与否靠个人，尤其是靠个人的行为。到了汉代，董仲舒又说"多福者，非谓人也，事功也，谓天之所福也"，意思是多福说的不是人本身，而是强调人做的事情。得福关键还在人的行为，看人的行为合适还是不合适。在这里，强调后天通过人的努力而得福，而不是先天赐福。

二、福文化的辩证性

福文化包含着丰富的辩证法思想，充满了智慧。

第一，福不是独立存在的，福与祸共存相依。早在先秦时期，人们就已经知道了福祸共存的道理。《荀子》说"祸与福邻，莫知其门"，《管子》说"其唯无福，祸亦不来矣"，《鹖冠子》说"祸与福如纠缠"，《史记·屈原贾生列传》说"夫祸之与福兮，何异纠缪"，《淮南子》说"祸与福同门，利与害为邻"，等等。正因为福总是与祸相并而生，所以要未雨绸缪，备好应对之策。福事到来则平和愉悦地处理，而祸事到来也不必惊慌失措，要沉稳地应对。

第二，福与祸是可以相互转化的。我们经常听人讲"大难不死，必有后福"，"吃亏是福"，"因祸得福"，这些都是人们对福祸转化的认识和朴素的表达。《老子》说"祸兮福之所倚，福兮祸之所伏"，即福祸是相互转化的。《庄子》说"安危相易，祸福相生"，又说"祸福淳淳"，淳淳，即流行反复的意思。

《淮南子》用"塞翁失马"的故事，深入浅出地阐述了福祸转化的深刻道理：从前，在边界一带住着一个老人。有一次，他家的马竟然无缘无故越过边界，跑到胡人那里去了。因为丢失了一匹马，邻居都前来安慰他，这个老人却说："这也许是一件好事呢。"过了几个月之后，他家的马居然回来了，还带着胡人的一匹骏马，于是邻居都来祝贺他。可是这个老人却说："这也许是一件坏事呢。"老人的儿子非常喜欢骑马，由于家里添了好马，他就天天骑马玩耍，结果不幸从马上摔了下来，摔断了大腿。邻居们又都前来安慰他，这个老人却又说："这也许是一件好事呢。"过了一年，胡人大举入侵边境，成年男子都拿起武器去参加战斗，附近的人大多数都战死了。老人的儿子因为是个瘸子，没有被拉去参军，最终父子双双得以保全生命。

这个故事启发人们用辩证方法看问题：身处逆境不消沉，心态乐观；身处顺境不迷醉，保持忧患意识，居安思危。在一定的条件下，好事和坏事是互相转换的，坏事可以变成好事，好事可以变成坏事，这里面的变化是无穷无尽的，这里面的道理也是深刻的。

先秦典籍《韩非子》曾深入分析了福转化为祸的原理和过程："人有福则富贵至，富贵至则衣食美，衣食美则骄心生，骄心生则行邪僻而动弃理。行邪僻则身死夭，动弃理则无成功。夫内有死夭之难，而外无成功之名者，大祸也。而祸本生于有福，故曰'福兮祸之所伏'。"同样，书中也分析了祸转化为福的原理和过程："人有祸则心畏恐，心畏恐则行端直，行端直则思虑熟，思虑熟则得事理。行端直则无祸害，无祸害则尽天年。得事理则必成功，尽天年则全而寿。必成功则富与贵，全寿富贵之谓福。而福本于有祸，故曰'祸兮福之所倚'。"南北朝时期，有一部书叫作《刘子》，其《祸福》篇讲述了祸福转化的辩证关系，作者列举了很多福祸相生的例子，最后总结说："人有祸必惧，惧必有敬，敬则有福，福则有喜，喜则有骄，骄则有祸。"其中所讲的道理跟《韩非子》是一样的。

"吃亏是福"的观念，是对福文化辩证思想的进一步深化，反映了福文化"以舍为得"的智慧和境界。让这四字得以广为流传的，是清代书画家郑板桥"吃亏是福"的书法作品，他还解释到："满者损之机，亏者盈之渐。损于己则益于彼，外得人情之平，内得我心之安，既平且安，福即在是矣。"清代钱泳的《履园丛话》说："吃亏二字，能终身行之，可以受用不尽，大凡人要占些小便宜，必至吃大亏，能吃些小亏必有大便宜也。"吃不吃亏，就像是福和祸的关系一样，随着条件转变二者的关系也会发生变化。多吃亏，长经验，总有一刻，吃亏会转化成一种福分。

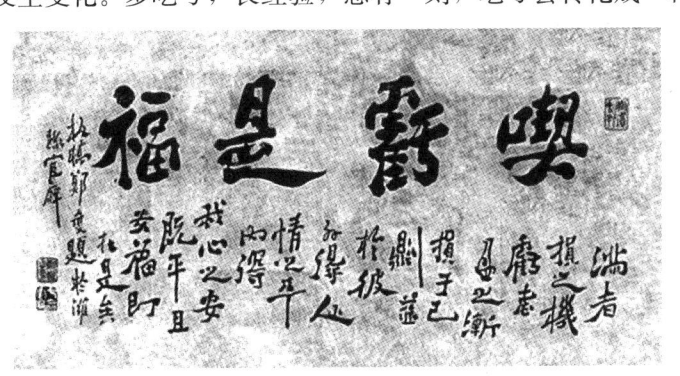

〔清〕郑板桥《吃亏是福》拓片

旧有的福文化观念中，福意味着"得到"，如多子多孙、多寿多财等，但郑板桥反其道而行之，提出"吃亏是福"，更新了以往人们对福的定义和认知，提升了境界。"吃亏是福"，"亏人是祸，饶人是福"等说法，是对遭受损失的心灵的安慰，也是克制欲望、修身养性的磨炼，更是人们在追求幸福道路上的自我警醒。它能润滑人际关系，缓解人际矛盾，在调节身心健康、形成良好道德风尚等方面，都具有重要意义。

三、福文化的全面性

福，包含人间一切美好愿望，人们追求的财富、地位、长寿、多子、喜乐等等，都被一个"福"字囊括其中。此外，中国人认为，平安、健康、没有忧愁，这些生活中看似简单、唾手可得的东西，也是福。福文化的全面性，是古人对福认识的一个升华。《庄子》说"平为福，有余为害者，物莫不然，而财其甚者也"，《荀子》说"福莫长于无祸"，《韩非子》说"福莫久于安"，《文子》说"欲福先无祸"，《三国志·秦宓传》说"安身为乐，无忧为福"，都是对平安健康、无祸无灾的平淡生活的追求。

尤其在先秦老庄思想中，顺应自然、顺着生物本性活着就是幸福。这种思想深远地影响后世。在明代，有个人叫胡九韶，过了一辈子的清苦生活，却安贫守道，自得其乐，他的诀窍就是：身贫少虑为清福。每天下午，他都要拜天，感谢上天又赐给自家一天清福。妻子讥笑说："我们一日三餐吃的都是菜粥，怎么能算清福？"胡九韶说："我一生有幸没遭遇战乱兵祸，又全家能吃饱穿暖，床上没有病人，出门没有官司缠身，这一切不是清福是什么？"据说这是"清福"一词的由来。依照胡九韶的理解，清福就是天下太平、衣食无忧、全家健康、社会和谐。

清代金缨编撰了一部《格言联璧》，教诲人们求真、向善、趋美。其中论福格言令人回味无穷："有工夫读书谓之福，有力量济人谓之福，有著述行世谓之福，有聪明浑厚之见谓之福，无是非到耳谓之福，无疾病缠身谓之福，无尘俗撄心谓之福，无兵凶荒歉之岁谓之福。"清代石成金写了一本《天基福谱》，对于什么是福，也有自己的解说："心宽性怡，快乐就是福。无病无痛，康健就是福。布衣蔬食，能食就是福。茅屋竹篱，安稳就是福。天伦家和，团聚就是福。兵戈不扰，太平就是福。家门清吉，宁静就是福。书酒花月，领略就是福。明窗净几，闲逸就是福。绳床草榻，鼾眠就是福。"

福的全面性，其实就是个体感受福的差异性。每个人对福的感受都是不同的，所以福的标准也是不同的。认识到福的全面性，在老百姓的生活中具有广泛的影响，有利于促进人们珍惜眼前所有，珍惜现在的幸福生活。

第二章　福文化与中国梦

第一节　新时代的福文化

　　福文化是中华优秀传统文化重要组成部分。传统福文化期盼生活幸福，期盼家国平安，期盼万物谐和，体现了中国人的思想和价值观，体现了中国人勤劳勇敢、向上向善、积极乐观、谦逊含蓄、和平包容等性格特点。当今，我们传承和弘扬福文化，我们讲新时代福文化，不仅要让福文化焕发新的活力，凝聚共识开创幸福生活，还要突破浅层的表象与理解，突破追求个人幸福的局限，通过结合社会主义核心价值观，去实现中国当代主流价值观与传统民俗文化的碰撞，最终使个人福、家庭福、社会福、国家福、人类福合而为一。

　　对福文化的传承与弘扬是个扬弃、发展的过程。传统福文化大部分形式，如写福、贴福、贴春联、贴门神画及诸多祈福习俗，都被传承下来，从形式到内容基本上没有变化。一些传统工艺还被作为文化遗产得以保护与发扬，但也有一些福文化传统因时代变迁或多或少有了新变化。

　　一种变化是传统福文化中一些不合时宜的内容，已经渐渐被人们舍弃。例如祭祀求福，《礼记》中就已讲到"淫祀无福"，即过度祭祀不会带来福分，今天的人们更是对祭祀有了科学的扬弃。再如"追福"，古人对福的追求，是从生到死的，尤其佛教传入后，更是影响了中国人对死后幸福的追求。追福就是在人死之后，亲人为死者做功德，祈求死者在另一个世界能够享福。追福方式多样，如请僧道念经，办素食宴，捐建佛像、寺庙等。这种为去世的人追福的习俗，在古代非常流行，近世以来，随着对科学的倡导，类似的旧有习俗已经基本见不到了。

第二种变化是因时代发展，福文化传统出现新内容，或者旧有形式被赋予了新的意义。例如前文讲过的"作福"（又称"作大福"），在福建客家人中，这个习俗祖祖辈辈沿袭。作福时十里八乡成千上万的村民聚集在一起游神、祭神、办庙会，祈望五谷丰登、风调雨顺、阖境平安，已成为仅次于春节的盛大节日，有的地方，甚至比过春节还要隆重。作福的内容也在不断创新：表达对美好生活的向往，提倡真善美，鼓励勤劳致富，加深乡亲情谊等。尤其是近年来，港澳台同胞和海外侨胞回乡寻根谒祖的人数不断增多，他们对乡土的热爱和对家乡建设事业的支持，更为这一古老的民俗注入了新的活力。再如前文所讲"乞龟摸福"风俗，在摸龟活动结束后，参与活动的众人会将用于制作米龟的平安米带回家分食，而现在，平安米会被分发给有需要的民众，尤其 2020 年元宵节的平安米，还特意分装打包，发放给在抗击新冠肺炎疫情一线的医护人员、民警、基层工作人员以及村、社区困难民众。

第三种变化是福文化出现了新形式、新创造。在新的时代，人们更多地去科学践行福文化活动，使福文化焕发出新活力。如为求福和点缀风景而建的福鼎、福塔、福墙、福坛等，如各地修建的"福"字景观，再如各地以"福"为主题的公园、博物馆、广场、文化长廊等，不仅美化环境，还处处显示祥瑞康宁、福运绵长，引领人们欣赏福、感受福。同时，各

福州市福山郊野公园红福桥

地纷纷举办福文化庙会、福文化旅游节、福文化展会、福文化研讨会以及创办福文化博物馆等等，名目不一、形式多样，为继承福、发扬福、传播福提供了很好的平台，极大地促进了新时代福文化的推广发展。

第二节　福文化中的民本民生思想

　　北宋官员胡则，一生从政40多年，足迹遍及大半个中国。所到之处，胡则始终主张宽刑薄赋，致力于兴革弊政，保持着一颗清廉为民的赤诚之心，以施仁政和德政而深得百姓爱戴。去世后，范仲淹为他撰写了墓志铭，颂扬他"为官一任，造福一方"，这是对胡则一生最贴切的评价。后世老百姓对他敬若神灵，奉其为胡公大帝，他成了"有求必应"的"活菩萨"。连毛泽东也对胡则大加赞赏，殷切期望党的干部都能向他学习，勤廉做事，务实为民。

　　"为官一任，造福一方"，是中华福文化自古所包含的民本、民生思想的重要体现。古代福文化中的民本、民生思想，是一个闪光点。其中所蕴含的内容，大体包括造福人民、福由民殖、养民富民等。

　　首先说造福于民。早在三千多年前，在商末周初的奴隶制社会，周文王的大臣鬻子，就提出了"发政施令为天下福者，谓之道"，大致意思是，为所有百姓谋求幸福，才是治理国家的根本。可见那时候就有了为天下人谋福祉的思想。前面讲过，《尚书》之《洪范》篇中提到的"九畴"，就是治理国家的九种大法，第九种是"飨用五福，威用六极"，"飨用五福"就是造福人民，让百姓过上寿、富、康宁、好德、善终的"五福"生活，并以此劝导人向善。《洪范》还讲到，"敛时五福，用敷锡厥庶民，惟时厥庶民于汝极"，意思是君主只有把五福集中起来一并赏赐给臣民，臣民才会拥护天子所建立起来的法则。可见对于一个国家来说最关键、最重要的是为人民谋福祉。

悠悠万事，民生为大。到了唐代，柳宗元提出了"吏为民役"的观点，他说："凡吏于土者，若知其职乎？盖民之役，非以役民而已也。"他认为做官的人，拿着百姓给的薪水，是人民雇用的役差，应该为人民做事，而不是去"役民"，因为人民绝不会花钱供养压迫和剥削他们的人。因此他主张做官者要千方百计地为民造福，为官一处，造福一方。

福由民殖，是古人对人民是历史的创造者的一种认识。汉代《易纬稽览图》中有这样一句话："斯禄去公室，福由下施，故阳虽不施而阴通行之，德以成物也。"这句话本来是讨论《周易》中的卦象的，其中"福由下施"，引申的意思就是幸福由老百姓创造，然后才传递、惠及上层统治者，惠及国家。三国时一位叫骆统的将军也说："财须民生，强赖民力，威恃民势，福由民殖。"意思就是财富是百姓创造出来的，国家强大靠的是百姓的力量，威严来自于百姓的势力，幸福生活由百姓创造。朴实地讲出了"福由民殖"的思想，讲出了中国古代重视民力、依赖民力的思想。今天的马克思主义者讲，人民群众是社会物质财富的创造者，人民群众是社会精神财富的创造者，人民群众是历史的创造者，说的也是同样的道理，是对古代"福由民殖"思想的总结和升华。

养民富民思想起源也很早。《尚书》中就有"裕民""惠民"的观点，《周易》讲"损上益下，民说无疆"，都把重视人民的利益视为统治者的德政。春秋战国时期百家争鸣，儒家把富民作为治国大道，孔子提出"足食""富而后教"的论点，《论语》中说："百姓足，君孰与不足？百姓不足，君孰与足？"孟子认为"易其田畴，薄其税敛，民可使富也"，也就是说他的富民政策主要是发展生产和减轻赋税。荀子从治国必先富民的理论出发，要求统治者"以政裕民"，方法就是"家五亩宅，百亩田，务其业而勿夺其时，所以富之也"。墨子主张厉行节约，减轻人民负担。法家的管子说"凡治国之道，必先富民"，把富民作为治国的第一任务。到了汉代，贾谊、董仲舒、司马迁等都主张养民、富民，贾谊在

《新书》中主张统治者"轻赋少事","与民以福,与民以财",把富民作为德教的基础。这些思想一直影响着后世的执政者和思想家。

　　当然,尽管中国人几千年来都在追求福,尽管福文化中有着丰富的造福于民的思想与实践,但中国人民实现幸福的道路却漫长而曲折。综观中华民族发展历史,古代小农经济生产力低下,普通百姓填饱肚子都很困难;来自统治者的剥削和压迫,使社会财富和权力集中在极少数人手里,因此绝大多数老百姓根本谈不上幸福。只有中国共产党把为人民谋幸福、为中华民族谋复兴作为自己的初心和使命,带领人民推翻三座大山建立中华人民共和国,带领人民发展经济搞改革开放,将福文化落实在对现代幸福生活的创造之中,将中国人几千年来对幸福生活的期盼和梦想慢慢变成了现实。

第三节　福文化与中国梦

　　中国梦,正式提出于2012年11月29日。党的十八大闭幕不久,十八届中共中央政治局常委参观国家博物馆《复兴之路》展览,习近平总书记深情阐述"实现中华民族伟大复兴,就是中华民族近代以来最伟大的梦想",并且表示这个梦"一定能实现"。中国梦的核心目标,可以概括为"两个一百年"奋斗目标,也就是:到2021年中国共产党成立100周年时,全面建成小康社会;到2049年中华人民共和国成立100周年时,全面建成社会主义现代化强国。两个一百年,就是逐步并最终顺利实现中华民族的伟大复兴,具体表现是国家富强、民族振兴、人民幸福,实现途径是走中国特色社会主义道路、坚持中国特色社会主义理论体系、弘扬民族精神、凝聚中国力量,实施手段是政治、经济、文化、社会、生态文明"五位一体"总体布局。

可见，中国梦的基本内涵之一就是实现"人民幸福"，习近平总书记多次讲到"为人民谋幸福"：

为人民谋幸福，是中国共产党人的初心。

中国共产党所做的一切，就是为中国人民谋幸福、为中华民族谋复兴、为人类谋和平与发展。

中国共产党从人民中走来，依靠人民发展壮大，历来有着深厚的人民情怀，不仅对中国人民有着深厚情怀，而且对世界各国人民有着深厚情怀，不仅愿意为中国人民造福，也愿意为世界各国人民造福。

习近平总书记还说："中国梦归根到底是人民的梦，必须紧紧依靠人民来实现，必须不断为人民造福。"中国梦"依靠人民来实现"，是传统福文化"福由民殖"的新发展；中国梦"必须不断为人民造福"，是对传统福文化造福于民思想的一种直接表达。

习近平总书记在多种场合对福文化的内涵与意义作了高度的概括总结，用响亮鲜明的语言指出福文化在新的历史时期的现实意义：老百姓的幸福就是共产党的事业，让人民生活幸福是"国之大者"。这在最高的思想层面上给我们指明了福文化进一步发展的走向及其意义。

如今，第一个百年奋斗目标，也就是到2021年，在中国共产党成立100周年时全面建成小康社会，我们已经实现了。

2022年党的二十大报告提出中国式现代化，并强调共同富裕。中国式现代化是人口规模巨大的现代化，是全体人民共同富裕的现代化，是物质文明和精神文明相协调的现代化，是人与自然和谐共生的现代化，是走和平发展道路的现代化。共同富裕是全体人民的富裕，不是少数人的富裕；是人民群众物质生活和精神生活双富裕，不是仅仅物质上富裕而精神上空虚；是仍然存在一定差距的共同富裕，不是整齐划一的平均主义同等富裕。今天的我们，正在福中，这个福就是实现中的中国梦，而未来的道路，全体中华儿女，循着对幸福的追求，还要继续努力奋斗，直到完全实现当代中国人的最大福祉——中国梦。

第三章　福文化与人类命运共同体

第一节　福文化辐射中华文化圈

古代中华文明对周边国家产生了巨大影响，从而形成了中华文化圈。这其中，中华福文化的对外辐射与传播，从古延续至今。

例如在日本，有个全日本煎茶道联盟，每年都会举行盛大的全日本煎茶道大会。联盟成立于1956年，总部设在京都黄檗山万福寺，尊奉隐元禅师为日本煎茶道始祖。这个隐元禅师，就是明末清初著名中国僧人，日本黄檗宗创始人。他曾经担任福建福清黄檗山住持，使得黄檗山复兴为中国东南一大丛林。1654年，隐元禅师东渡，把佛学经义以及明代中华先进文化和科学技术带去日本，也使中华福文化传进日本。日本长崎的兴福寺、崇福寺、

隐元禅师

福济寺、圣福寺以及隐元禅师在日本弘法的核心道场京都黄檗山万福寺，都有隐元禅师留下的圣迹。隐元禅师在这些地方或题写匾额，或开堂讲法，传播中华福文化，长崎乃至整个日本信徒、民众的祈福习俗，从黄檗山万福寺延续开来。"祈福神明龛，满城经书香。礼尚往来人，百姓求福安。"今天的长崎，依然盛行隐元时代的关公、观音、妈祖等信仰。

近现代以来，尤其是随着移居海外的华人不断增多，国内的生活习惯、民间信仰，尤其是福文化风俗，都流传到国外。例如海外华人组织会馆、办学、兴建庙宇、开餐馆，多以"福"字命名，据记载，马来西亚华人在当地所办的最早的学校，就是1819年槟榔屿华人创办的"五福书院"。再如，中国人喜闻乐见的赐福镇宅圣君钟馗信仰，也被带到了海外，至今东南亚如马来西亚、新加坡、菲律宾、印度尼西亚等国的华侨，依旧有着把钟馗画像悬挂在门首或客厅的习俗，这个习俗已沉淀为一种极为稳固的文化心理。可以说，福文化得到了全体中华儿女高度的心理认同，正是源于共同的文化认可、精神追求，海外华人才会在居住地传承和发展福文化。

尤其最近一些年，随着中国传统佳节春节在海外日增的影响力，也随着我国频繁举办各种大型国际体育赛事和文化交流活动，福文化已经跨越大洋，在欧洲、美洲、大洋洲、非洲开花结果。从文化传播角度说，中华传统福文化，与人类谋求幸福生活的目标一致，所以具有天然的亲和力，更容易被世界各国民众所普遍接受。在新时代，这是我们弘扬优秀传统文化的一个重要切入点。从不同文明交流互鉴的维度，向世界阐发福文化，应当重视挖掘福文化中跨越时空、超越国度的部分，挖掘福文化中具有当代价值的部分，面向世界，不断把福文化创新成果传播出去。

2008年北京奥运会的吉祥物——福娃，就是福文化传播的成功案例，它赢得了全世界人民的喜爱。福娃是中国民间艺术中十分流行的形象与概念，如剪纸福娃、泥塑福娃等。北京奥运会五位福娃分别叫"贝

贝""晶晶""欢欢""迎迎""妮妮",把五个福娃的名字连在一起,就是"北京欢迎你",表达了北京对世界的盛情邀请。

总体上,福娃的造型取自中国传统年画中的虎头娃娃,在头部纹饰上分别采用了中国新石器时代的鱼纹图案、宋代瓷器莲花瓣图案、敦煌壁画火焰纹样、藏族装饰纹样、老北京的沙燕风筝图案,它们结合在一起,展现了中国传统艺术的丰富性,展现了中华民族博大精深的文化内涵。当时的国际奥委会主席罗格在贺信中说:"我喜欢它们将中国的传统祝福带往世界各地。"

第二节 人类命运共同体谋求全人类福祉

幸福是全人类共同追求的目标。英国哲学家休谟说:"一切人类努力的伟大目标在于获得幸福。"德国哲学家费尔巴哈说:"人的任何一种追求都是对于幸福的追求。"

2012年6月28日,第66届联合国大会通过决议,宣布每年的3月20日为"国际幸福日"。决议说,追求幸福是人的一项基本目标,幸福和福祉是全世界人类生活中的普遍目标和期望,具有现实意义,在公共政策目标中对此予以承认具有重要意义。决议指出,需要采取更包容、公平和平衡的经济增长方式,以促进可持续发展,消除贫穷,增进全体人民的幸福和福祉。决议还邀请所有会员国、联合国系统各组织、国际和区域组织以及包括非政府组织和个人在内的民间社会以适当方式为"国际幸福日"举办活动,包括举办教育和公共宣传活动。

在紧接着的第一个"国际幸福日",也就是2013年3月20日,当时的联合国秘书长潘基文,发表了致辞:

追求幸福是一切人类活动的核心。世界各地的人们都渴望过上快乐、充实的生活，没有恐惧和物质的匮乏，与自然和谐相处。然而对太多生活在极端贫困中的人来说，基本的物质福祉依然是难以企及的奢望。对于更多的人来说，经常性的社会经济危机、暴力和犯罪、环境恶化和日益严重的气候变化，都是挥之不去的威胁。在去年举行的里约联合国可持续发展大会上，联合国会员国商定必须将经济增长、社会发展和环境保护这三个支柱结合起来，以平衡的方式实现可持续发展。他们认识到，为了给决策提供更好的依据，在国内生产总值以外还应制定更广泛的指标来衡量进展情况。我感到欣慰的是，一些政府正在努力根据全面的福祉指标制定政策。我鼓励其他国家效仿这一做法。

值此第一个国际幸福日之际，让我们加强对包容方方面面的可持续人类发展的承诺，并重申我们帮助他人的许诺。在我们帮助为公众谋福利的同时，我们自己也更加充实。有善心者幸福，并会帮助建设我们想要的未来。

在全人类追求幸福的道路上，中华民族践行着自己的价值观，勤劳善良，爱好和平，向往安宁，追求幸福，为人类文明做出了巨大贡献。尤其值得提出的是，中华福文化自古就包含"大同"思想，将全人类的幸福作为目标，这也是中华福文化世界性的一个表现。

在我国先秦典籍《尚书》中，就已经出现了"协和万邦"的记载。分析文义，"万邦"在地理范围上，与天下、世界呈现出一体性，说明当时的人们已经有了在广泛世界中追求"大同"的意识。汉代编撰的《礼记》一书，则最先明确提出了"大同"思想：

大道之行也，天下为公，选贤与能，讲信修睦。故人不独亲其亲，不独子其子。使老有所终，壮有所用，幼有所长，矜、寡、孤、独、废疾者，皆有所养。男有分，女有归。货恶其弃于地也，不必藏于己；力恶其不出于身也，不必为己。是故谋闭而不兴，盗窃乱贼而不作，故外户而不闭。是谓大同。

这段话描述了一个不分亲疏，没有私有财产和私有观念，人人劳动，相互信任，和睦互助，共同过着幸福生活，天下为公、世界大同的美好社会。"天下大同"学说，对于中国历史发展具有积极意义，带来深远的影响。

今天，天下为公、世界大同的幸福观，随着人类命运共同体价值观的提出，有了更丰富的内涵和时代特色。国际社会日益成为一个你中有我、我中有你的命运共同体。面对世界经济的复杂形势和全球性问题，任何国家都不可能独善其身。

人类命运共同体的主要内容旨在追求本国利益的同时兼顾他国合理利益，在谋求本国发展的同时促进各国

携手共建人类命运共同体

共同发展。它包含相互依存的国际权力观、共同利益观、可持续发展观和全球治理观。它提出的背景是：作为全球第二大经济体，随着综合国力的增强，中国在国际上的地位和影响力不断增加，也担当起了与全球全人类共享幸福的责任。它与西方"普世价值"等观念不同的是：尊重各国文化、尊重差异；不附加政治条件的中国式援助；倡导勤奋、和平、包容，这是华夏文化基因，幸福靠自身奋斗，而不是掠夺。它的意义是：人类只有一个地球，各国共处一个世界，要倡导人类命运共同体意识。推动构建人类命运共同体，让世界人民共享幸福，体现了中国对全球全人类的担当精神。

习近平总书记指出："中国共产党从人民中走来，依靠人民发展壮大，历来有着深厚的人民情怀。不仅对中国人民有着深厚情怀，而且对世界各国人民有着深厚情怀，不仅愿意为中国人民造福，也愿意为世界各国人民造福。"正如马克思主义的终极目标是为全世界的无产阶级解放而奋斗，中国共产党也以全人类的幸福为己任。中国共产党呼吁全世界

人民一道，共同建设一个"持久和平、普遍安全、共同繁荣、开放包容、清洁美丽的世界"，积极为维护世界和平和推动世界发展做出贡献。

伴随着中国梦，伴随着人类命运共同体，古老的福文化被不断注入新内涵。

后记

2022年2月初，我接到中国社会科学院中国国学研究与交流中心主任孙晓老师通知，说福建教育出版社约稿，计划写一本有关中国传统福文化的普及型读物。领受任务查找收集资料环节方发现，千百年来已渗透于中国人日常生活的福文化，涉及内容广而杂；其背后体现了中国人的价值观、思想、气质，又俗而深。可以说，讲述好福文化，有意义，更有难度。编写组四人几易其稿，直到今天这本小书才初步成型。

"中华福文化"这个题目有什么意义？随着撰写工作的深入，我们逐渐意识到：一、福文化是在中华民族五千多年文明史中形成的一种生活习俗、思想观念、价值取向和哲学智慧，有着悠久丰富的历史内容、文化表现和思想内涵。研究福文化，就是对中华优秀传统文化的传承。二、福文化源远流长，衍变中又吸收了儒释道思想，体现了中华文化的融合与博大。它展现了中华文明的突出特性——勤奋、向上、和平、爱国、包容、谦虚、含蓄，倡导物我同类、天人合一，倡导天下为公、天下大同，反映出华夏民族不同于抢掠意识与霸蛮性格的求福理念与文化基因。研究福文化，就是坚定文化自信，增强民族凝聚力。三、福文化不仅讲求个人幸福，更包含对家庭、社会、国家、人类幸福的追求。研究福文化，有利于形成正确的幸福观，并将这种幸福观内化为新时代中华民族伟大复兴和实现全人类福祉的精神动力，实现中华优秀传统文化创造性转化、创新性发展。

基于上述认识，本书设计成四编：《知福编》包括"福"字起源、衍变、含义，福神崇拜，求福风俗，福文化典故与传说；《惜福编》从珍惜幸福的角度出发，讲述惜丰衣足食福、惜平安健康福、惜和谐友睦福、惜祖国富强福四个方面，倡导珍惜生活中看似简单平常、实则来之不易的幸福；《修福编》从立德、齐家、奋斗、包容、助人五个角度，讲述如何获得幸福，树立正确求福观；《弘福编》首先对福文化的民俗性、礼仪性、精神性、哲学性进行概括总结，并就福文化新时代新发展、福文化中的民本民生思想及其与中国梦的逻辑关系、福文化海外传播及其与人类命运共同体的逻辑关系三个方面内容展开阐释，体现福文化的时代延展性。

编写组参考了有关福文化、民间神鬼信仰、古文字研究等方面的书籍三十多种、论文一百多篇，查找了相关文献及出土资料，尽量做到全面、深入、准确地阐释福文化。本书有以下特点：

一、本书整体内容设计并未局限于知识性介绍，考虑到传统福文化是内涵丰富的立体文化现象，不仅包含求福、祈福思想，更包含了中国人辨证的惜福认知及修福行为准则，所以本书安排了《惜福编》《修福编》《弘福编》。这三编的安排，进一步从如何理解幸福、如何获得幸福、福文化与当代社会三个方面进行阐述，从而引导读者树立正确的幸福观，并继承、弘扬传统福文化。可以说，四编的安排，能较为全面地展示中华福文化。

二、本书既体现福文化的物质文明积淀，也展示出福文化的精神文明内涵；既有具象的中国人自古以来的求福行为，也通过信仰对象、典故趣闻等折射出中国人无形的对福的观念认知、价值评判；还尝试从民俗、礼仪、精神、哲学等角度概括总结福文化。以上三方面结合，诠释了中华福文化向上向善的价值追求、福德一致的道德理念、福祸相依的辨证思想。

三、本书准确、全面地讲解了"福"字起源、流变、含义。近代以来人们书写古体"福"字，包括此前相关福文化书籍讲述，均以双手捧着"酉"的𦥑䢶等为"福"字起源，而本书吸收古文字学界最新研究成果，别除长期以来的误释，以金文中的"畐"作为"福"字的确切初文。在准确的文字学阐释的基础上，力图还原古人对于"福"的初始理解。以此为原点，阐述"福"字字形衍变、词义内容。

四、本书对诸多福神信仰的故事来源、称谓变化、历史衍变等，尽量从典籍材料中找支撑，不人云亦云。对于故事来源多样、后人观点有分歧的地方，也尽可能多方阐述、介绍，以供读者参考。尚未找到确切资料来源的民间故事，一律予以舍弃。书中全面介绍求福风俗，对之前同类书籍较为回避或者较为"朦胧"处理的桃符与门神、春联、"福"字的关系，本书尝试对几者之间的衍变过程及相互关系进行梳理，在这个基础上，阐述"贴福"中的"贴门神""贴春联""贴'福'字""贴年画""挂门笺""贴窗花"六个方面的具体内容。

当然，本书也留下了不足和遗憾。福文化渗透于中国人的日常生活，无处不在，但有时又似有似无，所以本书原设计不仅要从行为与理念上分析福文化，还要从可触可碰且丰富多彩的传统建筑、石刻、艺术品上以及新时代福文化艺术创作上展现福文化的"形"。可惜，因时间、篇幅限制，本书最后删去相关章节，使得传统福文化的民族艺术表现版块，没能得以展开。期待将来有机会弥补遗憾，更加全面、深入、细致地展开相关阐释。

许微微

2023 年 9 月